韓国ぐらしは万華鏡

本橋良子

亜紀書房

韓国ぐらしは万華鏡

目次

はじめに

これは、日本人妻であるわたしが、四十年前の一九七六年から一三年間に及んだ在韓暮らしを追憶したものです。

まだ日韓の間を行き来する日本人が少なかったころに、縁あって嫁いだ地ソウルは、言葉もわからない知り合いもいない異国でした。

しかし恐れを知らない二〇代でしたので「さあ、これからがわたしの本格的な人生の始まり」とばかり何でも見てやろうという元気もありました。

それでも暮らしはじめると、驚きと難儀なことの連続で、「大変な所に来てしまった」と心が折れることもありましたが、その一方では、楽しい出会いが次の出会いを呼ぶという具合で愉快なことも多々ありました。

まるで、万華鏡をくるくる廻していたような日々をここに切り取ってみました。

第一章　ソウルへ移住

出会い

七〇年代、東京・丸の内のビルで働いていました。仕事場は長兄が経営する輸入会社の小さなショールームで、並びには女優の高峰秀子さんの「ピッコロモンド」という骨とう品のお店がありました。

当時は有楽町駅そばに都庁（現・東京国際フォーラム）がありましたから、ビル内の通路は人の行き来が盛んでした。おかげでショールームに置いてある装飾品やドイツ・ゾーリンゲン社製の鶴型のはさみなど、そのころの舶来品はよく売れたものです。

夕方になると、向かいからテレックスの音がせわしく響いてくるのですが、そこは大韓航空（ＫＡＬ）東京支店の事務所でした。そこの職員や駐在員は、わたしと同世代が多くて自然と挨拶《あいさつ》して言葉をかわすようになりました。特に駐在員たちのたどたどしく話す内容がおかしくてよく笑い、韓国人に対する印象が変わっていったのです。

たとえば、「日本は平和ですが地震が恐いです」とか、ランチに付いている小皿の漬け物を指さして「これは小鳥のえさですか」。韓国ではキムチは二、三種類出るし、おかわりも無料だといいました。「こたつに、みんなの足を入れて臭くないですか」、「日本の女の方は、畳に座るから足が太い」、「畳の匂いがいやだ」といったことも覚えています。

その日は、お昼になって通路に出てきて「カンダ！　カンダ！」というので、「今日のお昼は神田ですね」と訊くと、それは神田のことではなく「行くよ！　行くよ！」という意味だと教えてくれた駐在員の方。その方は六〇年代後半にベトナムで戦っていたと後日知り、わたしは驚きました。

なぜならその時期、わたしは東京で「ベトナム戦争反対！」と叫ぶデモの列にいたからです。どうしてベトナム戦争に行ったのか、興味もあって問うと「海外に出るいい機会だし、南十字星も船上から一度見たかったから」という返事なので意外でした。その理由が本心なのかそれとも冗談なのか、わからないなと思いました。この方がのちに夫となる閔《ミン》昌基《チャンギ》さんです。

そのうちに、閔さんと仲がいい先輩職員の方が「二人とも親しくなっていいじゃないか」と、好意的にいってくれて三人でお昼をするようになりました。

この方は、時には銀座五丁目の素敵な焼き鳥専門店や、成城学園前駅にあるお宅にも食事に呼んでくれて楽しい時間を過ごしました。とてもいい方で韓国人の情の厚さを知りました。

だからといって日・韓の結婚について人生の先輩としての意見をいうことはなく、ただ「結婚はしても後悔、しなくても後悔」とぽつりつぶやいただけです。

その後、閔さんがソウルに帰国する時期がきて、おのずと結婚する運びになりました。家族や周りでは、わたしが韓国人と結婚するということで、波風が立ったようですが、(おそらく)それなりに理解してくれました。ただ一人「わたしなら首輪を付けても行かせない」と反対したのは、釜山から引き揚げて来た茶道の先生でした。

出発

七六年八月、母とふたりの兄、親友のお母さまに送られて、引っ越し荷物とともに羽田空港を飛び立ちました。機内は、ほとんどが男の団体客ばかりで女性の姿は数人でした。

機内食が済んでからKALの機内誌を開くと、田舎の一本道の風景写真とともに、「ようこそ、静かな朝の国へ」「韓国五千年の歴史」などの文字が目に入りました。

「まあ、韓国は五千年の歴史。そして静かな朝の国なんだわ」と、新発見した気分で見つめていると、隣の座席にいるおじさんの、

「父上は……」と、息子宛のハガキを書く声が聞こえてくるので、「なんと気が早い。まだ金浦国際空港にも着いていないのに」と聞き流していました。

しばらくして書き終わったようで、

「どうしてソウルに行くの？」と声をかけてきました。それで韓国人と結婚すると答えると、

「う〜ん。そうなのー。このサンゴの指輪、ずいぶん大きいねえ」と、オレンジ色の指輪に目をやります。

「彼の香港みやげなんですよ」

「そう、海のモノを身に着けると幸せになるというからねえ」

それから

「それにダイヤほどじゃないしね」

「あっ、そういえばそうかも」と気が付いてつい吹き出してしまいました。するとおじさんはもっと嬉しそうに笑うのです。なぜかしら。

やがて、金浦国際空港に到着して、閔さんがチャーターした黒塗りのフォード車に乗りこみました。路上は水色のタクシーが連なって走っていて、まるで水が流れているようです。その流れの中に個人タクシーの黄色がまれにありました。

車窓から漢江のほとりを眺めると、強い日差しの下、大柄な娘たちがゆったりと歩いていました。

長い黒髪が風になびき、わたしなら決して思いつかない色合いの柄のブラウスとパンタロンをひらひらさせています。

その光景は、大空の向こうに広がっている大陸の風土を感じさせるものでした。

車は冠岳区《クァナクク》(現・瑞草区《ソチョク》)方背洞《パンベドン》にある新居に向かう途中、検問所で一旦停車したのですが、そこには銃を持った若い軍人の姿があり、隣国の国情を肌で知りました。

挙式
南山《ナムサン》にある迎賓館で結婚式を挙げました。

当日は、東京支店で一緒だった上司の奥さんが、通訳をかねて付き添ってくれました。

明洞《ミョンドン》にある美容院で着付けをしたのですが、鏡の前に立つと、あまりに化粧が濃くて、別人のようで気に入らず、やり直してもらったので、式場に着いたのは予定時間ぎりぎりでした。

入口には新郎新婦の名前が掲示されていたのですが、わたしの二文字の姓がひと文字に横並びに縮められていたのを、母が気づいて訂正してもらったとのことでした。

これは、韓国ではほとんどの姓はひと文字で、名前は三文字で成り立っていますから、四文字のわたしの名前を三文字に、工夫して縮めたわけです。

閔方の伯父さんは、さびついた日本語をギコギコと、しぼり出すように話していました。

日本からの列席者は、わたしが師とする児童文学作家の今西祐行《いまにしすけゆき》先生と娘で画家の卵のくみさん、一八歳から教えを受けている華道の先生と、韓国行きを反対していた茶道の先生も含めて一三名が前日に来韓して、南大門近くの東急ホテルに投宿していました。大半が初めての海外旅行です。

主礼（司式者）が日韓両国語で話してくださり、挙式後、韓服姿と和服姿の列席者が一枚の写真に収まりました。

そのあと、ウエディングドレスから伝統的な花嫁衣装に着替えて、別室で年長者に拝礼しました。供え物のナツメ、干し柿などから、栗が膝もとに投げられました。多産（特に男児を好む）を願う風習だと説明がありました。

挙式の翌日です。金浦空港に、来韓してくださった方々を送りに行くと、「ここでは、ホテルでも麦めしなんだな」と農家の叔父さんが問うので、ここでは麦を入れることが国の方針だと説明しました。

また、タクシーが黒い煙を出したので慌てて乗り換えたことや、外で飲んでいて、うっかり夜間通行禁止時間（〇時から四時まで）になってしまい、ホテルマンに叱られたことなど、楽しそうに話していました。

今西先生は、日程を変更しました。梨花女子大の李相琴《イサンクム》教授宅に招かれたこともありますが、ソウル駅からセマウル号で釜山に行き、そこから関釜航路で帰国することを望まれたからです。

先生は、わたしが結婚のことを知らせると、「娘と式に出ます」とご多忙にもかかわらずパスポートの申請から始められたのですから、出来るだけ協力はしたかったのですが、船で帰ることは、「社会状況から、言葉がわからない日本人ふたりだけの行動は不安だ」と、夫が止めてしまいました。

今西作品は、童話『太郎コオロギ』『一つの花』や歴史物『肥後の石工』『浦上の旅人たち』など多数ありますが、韓国とかかわる題材は、早大生の時に同人誌に発表したデビュー作『ハコちゃん』一編です。

国際結婚の手続き

観光ビザで入国していたために、いくつかの手続きを済ませてから、鍾路《チョンノ》区役所に国際結婚の届け出をしました。

入籍後六か月間は二重国籍状態になって、それから日韓どちらかの国籍喪失届を出さなければならないこと。もし日本国籍を選択すれば、わたしが新戸主になった戸籍が作製されると、説明を受けました。六か月後、わたしは自由度の高い日本国籍を選択しました。また韓国では、夫婦別姓だと、初めて知って驚きましたが、これは女性の権利が同等だからではありません。父系制度の下、女性は非常に弱い立場にあったのです。

わたしは結婚して、当然、韓国籍になり夫の姓に変わると漠然と予定していたので、少し寂しい気持ちになりました。それに、友人知人に夫婦別姓の説明をするのも面倒でした。

小冊子『カヌンマリコワヤ　日・韓21のキーワード』(奥野弘著・八八年版)には、七三年から七八年の六年間の韓国人の国際結婚の統計が記載されていますが、それには、相手国の一位はアメリカで二万六四組(アメリカ人男性と韓国人女性がほとんどだと思われます)、二位は英国で一六一組、一〇位はフランスで、日本はそれより下の一〇組と記されています。

八〇年代になると国際法が変わって、生まれた子は二重国籍となり、二〇歳までにどちらかの国籍を選択すればいいことになりました。

第二章　韓国語を学ぶ

延世《ヨンセ》大学の語学堂を見つける

七六年九月、新生活を始めた高層アパート（日本のマンションに相当する）は、黄色や赤が塗られた、なじめない色合いでした。近くのスーパーで片言の英語で話すと「ベトナム人か」と、幾度か訊かれました。

テラスから眺める険しい稜線の冠岳山《クァナクサン》。この岩山は鉄の塊のように固く、この国の人々の苛烈さの象徴に思えて心に秋風が吹きぬけました。

そのアパートの敷地の外は、すべてが未整備でした。掘り起こされた山になった残土にドロ道。黒いビニールを張った仮設の役場。電話は申請しているのですが、まだ待たなければなりません。

ある日、新居の様子を見にきた義理の祖母が帰り際に振り返りながら「ワッ」と声を発しました。何を叫んだのか夫に問うと、「うちに来て」と言ったそうです。

「ワッ」という一言にそんな意味が込められているとは、面白い。その謎のような言葉を早く学びたいと焦りました。

八月、移住した日、金浦空港からアパートに着くまで、車窓から幾度も見た「現代컬러」というハングルの看板。

それがとても気になりました。夫に問えばすぐ意味はわかることでしたが、問いませんでした。なぜなら、いつかわたしの力で知るようになりたいと思ったからです。

昼間、岩山を見ながら心もとなくソファに座っていてひらめきました。「そうだ。以前宿泊した明洞ロイヤルホテルの部屋から眺めていたソウルＹＷＣＡの看板。そこなら語学を教えてくれるに違いない」と。

すぐ立ち上がり、タクシーにひとりで乗るのは初めてでしたが、怖いと考える余裕もなくロイヤルホテル玄関に着きました。

さっそく並びにあるＹＷＣＡに飛び込んで、その受付カウンターで、英語で「コーリアン・ランゲイジを学びたい」というと、受付嬢がさっと紙切れにメモして、手振りで「行くように」としぐさをしました。

すぐ了解して外に飛び出して、再びロイヤルホテル前に戻りました。そしてそのメモ用紙をタクシーの運転手に見せると、うなずいたので乗車しました。

どこをどう走っているのか全くわかりませんが、学校の門の中に入って小さな校舎の前で止まりました。そこはヨンセ大学付属の語学堂でした。

予定としてはＹＷＣＡの教室に習い事感覚で通うつもりでしたから、「これでは本格的な勉強になってしまう。どうしよう」と迷いながら事務所に入りました。

日本語ができる事務員がいたので質問すると、高校卒業者なら誰でも入れるといいます。そして、秋の学期は三日前に始まったばかりなのでまだ間に合うこと、いろんな国の留学生がいることなどの説明を聞くうちに楽しい気持ちになって、入学申請書を受け取りました。

学習は一ターム一〇週間で朝九時から午後一時まで。学費は夫の給与ひと月分ほどなので、わたしの持参金で払うことにしました。

その日の夜、入学の保証人などを頼むと、夫は一驚しました。無理のないことです。今朝出勤する時に、誰が来てもドアを開けてはいけない――ドアを開けても話せません――と、くれぐれも念を押して出かけたのに、ひとりで街中に出て学校まで見つけてきたのですから。この件についてはよほど驚いたらしく、お客が来るたびに幾度も夫の口から語られました。

秋の学期

翌週の月曜日、ヨンセ大学校の韓国語学堂の学生となりました。ひと月前までは想像もしなかったことです。

校門に入ると、道の両脇にはコスモスの花が咲き乱れ、花壇のサルビアが青い秋空に映えてきれいでした。

途中で鷲（学校のシンボル）のモニュメントを左に曲がり、ゆるやかな坂道を上ると、右側のくぼ地の雑木林の中に、水色のベンチが三台置いてありました。その周りの松の梢に、漆黒の胸だけ白い小鳥が――それは国民的に愛されているガッチ（カササギ）でした――一〇羽ほどが、羽音も立てずに、枝から枝に舞うように移動していました。

校外の喧騒から遮断された空間、プラタナスの茶色の枯れ葉が、くるくると回転して、コトッと音を立てて、水色のベンチに落ちました。それはまるで一枚の絵画のようで、この初登校の記念すべき日のこの光景を忘れまいと目に焼き付けました。

初級クラスの出席者は七人で、担任の洪環杓《ホンキョンピョ》先生は、モダンで溌剌《はつらつ》とした中年女性です。クラスメートは、農業経済を専攻する日本人留学生、駐在員、在日コリアンの若者たち。

これまで知らなかった新しい世界に入ったことで、わたしの視界は一気に広がることになりました。

最初は、わたしの音感が悪いせいか発音が聞き取れなくて、家でも練習するのですが疲れてしまい、出ない音はいつかできるだろうと、こだわらないようにしました。

秋の学期を修了するころには、街中で気になっていた「現代컬러《カラー》」も、カラーフィルムの広告だとわかりました。

「美人会話」という漢字表記の看板。美人が会話を教えるのかしらという謎も解けました。美国はアメリカのこと、美人はアメリカ人のこと、美人会話はアメリカ人による英会話だったのです。

歌手は「カス」、理由は「イユ」、洗濯機は「セータクキ」などの漢字語や、カタカナ表記される「タクシー」「アパート」などは、音が似ているし、文法もほとんど同じです。

ですから日本語を母語とする我々には、習得に有利な言語、いや日本人にとって一番やさしい外国語といわれていました。もっともわたしには、難しいというのが実感で、学校の宿題は毎日あり、こなすのが大変でした。自宅でする復習と予習は少なくても三時間はかかりました。

冬の学期

七七年一月、クラスには、三人の米国人がいました。善意が服を着ているようないつもにこにこ顔の宣教師、語学留学生の背の高いキャロルと、クールなブルースでした。ブルースは着古したGパン、赤茶色の髪とひげ、ギターが趣味の青年で、クリスマスにお姉さんが送ってくれたというセーターを着ていました。担任の洪先生宅に、クラス全員が夕飯に招待された時には、ひとり遅れてきたブルースが、背後に隠してきた花束を恥ずかしそうに差し出して、みなを喜ばせました。

やはり英語圏の人には韓国語が難しいようで、ブルースはつまらない顔をしながら、鉛筆をくるくる回していましたが、いつのまにか来なくなりました。

その日の気温はマイナス一八度でした。バスの窓から見える漢江は凍り固まって岩石のように盛り上がり、天然スケート場には子どもたちの遊ぶ姿がありました。

帰宅するなり、オンドル（韓国式床暖房）の上に敷いてある布団にもぐりこんで、一休みしました。ありがたいことにここは中央暖房方式で、練炭の心配がありません。

新村《シンチョン》までの通学も大変で休みたい日もありましたが、授業は刺激に満ちていましたし、日本語でおしゃべりができることや、学費がもったいないことや、勉強はできる時にしなければと、理由を数えては自身を奮い立たせていたのです。布団の中でどうにか体が温まり生きかえると、起き上がり、当時は貴重だった日本製のコーヒーを二杯飲んでほっとしたものです。

雪が降った翌日はまた大変でした。夫と早めに家を出て、通勤バスに乗るために急ぎました。

じゃり道も左右の空き地も冠岳山も白一色で、顔を上げれば、頭上高く白い半月がかかっていました。

ごったがえすヨンセ大学前のバス停で下りて、校門に入り左の坂道を上ると、松の木の雪や校舎の窓ガラスの桟の雪が、オレンジ色の朝陽を受けてキラキラとまばゆく、すがすがしさこの上なしでした。

九時に授業が始まります。先生が「イギリスの清教徒が、アメリカに渡る時に乗った船の名前は何ですか?」という質問をしたのですが、しんとしていて、米国人たちが答えないので、

「メイフラワー号」とわたしが答えると、宣教師が驚いた顔をして笑いました。プロテスタントの牧師が答えなかったのは、きっと質問の意味がとれなかったに違いありません。

そんなことがきっかけになって、米国人がたどたどしくわたしに話しかけてくるようになり、心に共鳴するものが生まれました。

それは、言葉は通じても心が通じないということを感じていたので、とても嬉しいことでした。

三月に二ターム、正味五か月の学習を修了し、日常生活上困らない程度に話せるようになりました。

学校も休みに入り、わが家のテラスにも春が来て、なでしこ、君子蘭《くんしらん》が咲きました。

日本の母から「家の土手にマーガレットがいっぱい咲いていますよ」という手紙が届いたその翌日です。なんという偶然の一致でしょうか。マーガレットを腕いっぱいに抱えて、同じクラスの佳子《カジャ》さんが遊びにきたのです。

わたしはまるで実家のマーガレットが届いたようで、大喜びしました。

カジャさんは、父親の勧めで語学留学している在日コリアンで、ソウルでも恵まれた生活をしているのに、何かと不平不満が多い女子高校生です。

わたしに向かって、

「ソウルでこんなに楽しそうにしている人、初めてだわ。どうしてなの？」と、不思議がりました。

確かに、ここの生活になじめず韓国嫌いになる人もいて、そういう人は遅かれ早かれ帰国しました。

カジャさんは続けます。「日本人にはわからないのよ。在日はね、母国で乞食を見ると本当につらくて。悲しくてもういやなのよ！」

「そりゃ、わたしだって同じよ。ソウル駅の広場や陸橋に座っている乞食、その中でも赤ちゃんを抱えた母親がいると、胸が痛くて…目をそむけてしまうわ。でも乞食はどこの国にもいるし、日本にもいたのよ」など、白いマーガレットを前にしておしゃべりが続きました。

国立ソウル大学の語学研究所に移る

七七年の夏の学期から、国立ソウル大学の語学研究所に変わりました。私立のヨンセ大の語学堂と比べて授業時間は三時間三〇分と同じですが、学費は四分の一、通学もバス一本で楽です。毎日テラスから眺めている冠岳山のふもとにあり、校内は広くて日差しが強く通学には日傘が必要でしたが、韓国の女の方が日傘をさしているのを見たことがありません。

初日です。教室に入ってきた女性講師が、自己紹介のあと、「あなたにとって一番大切な人は誰ですか？」と、最初に問いかけてきました。

しかし、教室内にぱらぱら座っている学生たちからは反応がありません。わたしも頭を絞るのですが、これまでの人生で一度も考えたことがない質問なのでビックリです。

しばらくして講師が、

「わたしは第一に神さま、子どもたち、主人、両親、そしてわたしです」と。その確信に満ちた態度に「クリスチャンなのだろうか。すごいなあ」と心の中で感嘆しました。

このように始まった授業には常時七、八人が出席していました。物静かな研究員、大学院進学予定者、五か国語をあやつるオランダ人青年。青年はわたしに上手な日本語で話しかけてきました。

その他に韓国に魅せられて仕事をやめてきた米国人女性と若い中野朝美さん。中野さんの語学と伽耶琴《カヤグム》と宮中料理を学ぶための留学費用は、車一台分だといいました。

秋からニューヨークのコロンビア大学に留学予定の、青いストライプのシャツが似合うスマートな青年は在日二世で、慶應大学を卒業したばかり。話を聞くと、羨ましいほどいい教育環境にありました。言語も日本語、英語、韓国語ができるわけだし「将来、大いに活躍してほしい人材」です。最後の授業になると聞いた日、わたしは売店に走りソウル大マーク入りのマグカップを購入して「頑張ってね」と贈りました。

また慶熙《キョンヒ》大学で韓方（中国から来た漢方は、韓国で独自に発展・進化したので韓方という文字を使います）を専攻するとても個性的な小林ミチさんがいました。

移転してまもない学校周辺には本屋も飲食店もないので、語学仲間とはもっぱら学生食堂でおしゃべりしました。一番安いのはインスタントラーメンで百ウォンでした。どんなものかと注文したのですがステンレスの箸なので、麺がすべってしまい食べにくかったことを覚えています。

近くのテーブルで大きな弁当箱を広げ、瓶に詰め込んだキムチだけで、もりもり食べる男子学生たち。その屈託ない顔と談笑する姿に、韓国の明るい未来を見ました。

腹が立つこと

夫はやたらとお客を連れてきました。日本では自宅にお客様を招きたがらない傾向がありますが、韓国では親しくなると必ず食事に招待するので、わたしは妻として当然と受け止めました。

しかしその都度勉強は中断しました。初めて会う会社の方や、友人やその他いろいろ、それも月に数回です。

ご飯とお酒とタバコの煙が立ち込め花札もあります。

それも前もって予定されている時はそれなりに調《ととの》えるのですが、二時間前に「これからお客を四人連れて帰る」と電話が来ると、もう大変でした。

慌てて市場に向かいながら、献立を考えます。そして飲食を仕度しながらフル回転でサービス精神を発揮するのです。

初めて日本人に会ったと、嬉しそうな人。

「殿様、武士とは何ですか？」と訊かれても困るのですが、いい加減でも、給仕しながらたどたどしい韓国語で答えました。

それから別のつまみ、果物、コーヒーと続いて、疲れ切って食器もそのままにして、眠ってしまうのが常でした。

突然、話もなくお客を連れて帰ることもありましたが、一度も「困る」「お客さんを連れてこないで」と言ったことはありませんでした。

わたし自身が良妻という観念に囚われていることに腹が立つのです。

上級クラス

担当講師は李仁福《イインボク》先生（文芸評論家）です。読本のテキストは『カンナの庭』（具慧暎著）で、初めて読む小説になります。これはテレビドラマ化されたということです。

毎回、予習していくのですが、一ページ読み進むのに、辞書で調べる時間のほうが授業時間より長いのでうんざりしました。

それでも継続していると、徐々に要領がよくなり予習時間が短くなりました。文学にも興味がわいて、授業が終わってから大学図書館に寄って、金素月《キムソウォル》の詩集を手にして読解する努力をしました。

しかしいくら見つめても一行も日本語に置き換えることができず、翻訳の道は遠いと力が抜けました。

ここで知り合った人々はアジアからの留学生の他に、天理大学の朝鮮学科を出た明朗快活な若者、大学院で中世の韓国語を研究する人、インドの大学では飛び級したという二十歳そこそこのチャーミングなインド人女性などがいました。

また、新聞社の特派員の奥さんたちもいましたが、日本に帰っても役に立たない韓国語を習うので、「変わっている」といわれるとのことでした。

クラスには、一五年間も韓国の歴史や文化を独学してきた、博学の愛すべき韓国オタクの木村さんがいました。本当にこういう方は個性的で貴重な存在ですが、あまりに韓国のことに熱中するので身内にはイヤがられているそうです。

韓国の女の人があぐらをかくのは騎馬民族の名残であるとか、梶山季之や司馬遼太郎の短編が金素雲《キムソウン》によって訳された話とか、空港で持ち込み禁止の村上龍の『限りなく透明に近いブルー』の海賊版があることも教えてくれました。また、わたしが引っ越し荷物に入れてきた小田実の岩波新書は「持っていると危ない」と言うので、怖くなってその日帰宅するなり、まだ読んでもいない新書なのに引き裂いてダストシュートに放り込みました。

時にはみなで学校帰りに、乙支路《ウルチロ》の小さなホテルのコーヒーショップにくりだしました。そこではコーヒーがインスタントでなくて、煎れ立てで、お替わり自由でした。

木村さんは欲ばって四杯目を飲みながら、「街中や市場できれいな女の人を見かけたことがないなあ」と残念そうなので、わたしが「美しい人は社会に出る前に結婚して奥の間に鎮座しているのよ。門の外には出ないものなのよ」と、少しオーバーに、応酬してがっかりさせました。

実際、女学校、大学卒業を前に婚約して、卒業と同時に家庭に入る人が結構いて、高い職業意識を持って社会活動する女性は、全体の二割くらいというのがわたしの見解でした。

七七年十二月、語研の卒業式には四名が出席し卒業証書をいただきました。優秀者は中世の韓国語の研究に進む人で、辞書を受け取りました。

いつもキャロルと

わたしが語学堂で一番仲良くなったのは、三歳年下のキャロルです。アメリカ・シカゴ出身で、背が高くズボンにお手製のポンチョをはおって闊歩するスタイルは、在韓二年と三か月の間、変わることがありませんでした。出会った最初の質問が、「シカゴを知っていますか?」。

「ギャングが多いところかな」と返事すると、困った表情をしました。また、「韓国人と日本人は仲が悪いのに、どうして結婚できたの?」と、信じられないという顔をしました。それはアメリカで得たアジアに対する認識でした。しかし、具体的に説明しようもなくて、わが家に招いて夫と三人でいく度かご飯をともにしたところ、日韓の結婚がうまくいくのかという懸念は、なくなったようで、二度と口にすることはありませんでした。

初めて家に呼んだ日は、得意のハンバーグとサラダにインスタントのポタージュスープを同時に出して「これが日本式の洋風です」と説明しました。

夫はスプーンを当てて食器の音は立てるし、コーヒーを飲む時も「ズルッ」とする音をさせて「ハアーッ」と息を吐くのです。

手をきちんと置いて順番に器を空けていく、マナーのいいキャロルが戸惑っているのがよくわかりました。

しかし、ここでは熱いものは、おいしそうに音を立てるのがあたりまえなので、仕方がないと知らんぷりしました。

学校帰りに新村で一緒にランチをすると、チャンポンもジャジャン麺も上手に箸で食べました。そして楊枝まで使いこなすので、

「ねえ、アメリカにも楊枝があるの？」

「ありません。他人の前でこういうことしたら失礼です」というので、「じゃあ、今のように、歯が気になったらどうするの？」と訊ねると、しばらく考えてから、

「家に帰るまでがまんする」と笑いました。

ある日の中国食堂です。ふたりの前に出た大皿上に、くり抜いた人参の紅いウサギが二羽ありました。申しあわせたように同時に手に取り、がぶっと一口かじり、互いのウサギを見て笑いこけました。キャロルのウサギは頭が、わたしの方はしっぽがありません。それぞれ「かわいそうだから」という理由でした。

南山にある国立劇場にオペラ「春香伝《チュニャンジョン》」を一緒に観に行ったことがありました。大雪の夜で寒かったのですが、せっかく夫からプレゼントされた二枚のチケットですから、キャンセルはできません。坂道を滑らないように一生懸命行きました。言葉はよくわかりませんが、視覚的に堪能しました。

キャロルは、オーケストラの演奏をしっかり聴いているようで、ときどきクスッと口を

おさえて苦笑いをしました。ウイーンに留学しているほどですから、もの足りなかったに違いありません。

ソウルは演劇が盛んでしたので、興味がある芝居はキャロルを誘ってよく行きました。31路倉庫劇場という、渋谷「ジァンジァン」と同じような地下小劇場にも、一緒に行きました。芝居の出演者、関係者より少ないと思われる観客数なのに、シェイクスピア劇の一幕を熱演していました。上演後、感激して楽屋に「良かったです」と声をかけに寄ったところ、わたしたちの韓国語を気にした演出家が、KBSアナウンサーの名前を挙げて、韓国語の発音の手本になるからぜひ聴くようにと教えてくれました。

また、化粧を落としているきれいな女優さんが、日本語で「東京・麻布に住んでいる」というではありませんか。それで在日コリアンとわかりました。あの韓国語のセリフをどのように習得したのだろうか？　どこにも全力で頑張っている人がいるものだとまた感激しました。

またある日、明洞に芝居を観に行ったときは、なんと前の座席に語学研究所の李先生とご主人がいました。

終演後すぐにご挨拶すると、ご主人が、

「韓日米の三か国が会いましたね」と二階の喫茶店に誘ってくださり、いただいた名刺を見ると言語学の大学教授です。

その帰り道、「あのような韓国のインテリ夫妻がいるのね」とキャロルが言いました。

マークは国際養子

クラスメートのアメリカ人宣教師は善意の人で、韓国のことをよく学んでいて、李という韓国名までありました。

大学のコーラス部で出会ったという金髪ショートヘアの優しい夫人も、一緒に学んでいました。

奥さんは野菜など何でも手作りするのが趣味だといい、「これも家内が作りました」と宣教師はにこにこと、結んでいる紫のネクタイを手に取ってみなに見せました。

コーヒーブレイクになると、在日コリアンの女の子に「どんな音楽が好きですか?」と習ったばかりの単語を使います。

彼女が「ピンク・レディとプレスリー」と答えると、「ぼくもプレスリーは好きですよ」とにこにこして応じるのを見て、まさかと聞き流しながら、そう答える李宣教師さんは本当にいい人だと思いました。

「うちのマークが…」と息子さんの話題が多いので「どんな子か見たいわ」というと、待っていたかのように、胸ポケットからさっと写真を取り出しました。そこに写っているのは黒髪の東洋の子でした。

一瞬うろたえ「マークは韓国の子ですか?」と訊くと、「そうですよ」と満面の笑みです。そういうことか、これでわかりました。

「風邪をひいたらキムチをたくさん食べれば治ります」と言うほど韓国通であるのは、韓国人の養子を育てるために、韓国に来て勉強をしていたからなのです。

それからまもなくして、マークの下に生まれたばかりの養女が家族として加わったので、夫人は勉強を中断しました。

キャロルの話によると、その赤ちゃんは腸障害があり、その手術のために夫人はアメリカに帰ったそうです。

それから六か月後、ソウルに戻ったというので、李宣教師の家を訪ねました。初めての訪問になるのですぐに家の中を案内してくれて、動物が描かれた黄色の壁紙のマークの部屋も見せてくれました。

居間に戻ると、赤ちゃんを抱いた夫人が、カーペットに座っていました。キャロルは床に寝転んで、赤ちゃんを見ながら「ビューティフル」と明るく二度言いましたが、わたしはぎこちなく「かわいい」と小さく言ったのですが、釈然としないものがありました。

「なぜ先天的障害があると知りながら、新生児を引き取るのか。いくら趣味だといっても、パサパサして白茶けた畑で家庭菜園をして楽しいのか。なぜ困難を買うような生き方を喜んでするのか」と。

それなのに李宣教師は、柔和な顔を向けて、

「モトハシさん、家内の作ったクッキーはおいしいですよ。食べてください」と言い残して出かけていきました。

欧米に渡った海外養子は、思春期になると激しい葛藤に苦しむと聞きました。そして、産みの親に会いたくて、養父母が保存しておいた写真をてがかりに、韓国のTVで呼びかけるのです。その結果再会できる人、できない人、また新しいドラマが生まれます。

マーク兄妹の場合は、立派に育ち大学を卒業したと、二〇〇一年にソウルの洪先生宅を訪問した折にお聞きしました。

第三章　ありふれた日常風景

ここでは、私が見聞きした街の様子をスケッチします。

明洞通り

映画館、デパート、大きな靴屋や証券会社が立ち並び風格を感じさせるたたずまいで、人波は途切れず続いていました。

「どうしてこんなに込み合っているのか」と夫に問うと、「みんな暇なんです」という返事でした。

それに、夜の通りは薄暗くて、すれ違う人の顔もよく見えないほどなので、「どうして暗いのか」と問うと、オイルショックの影響で、国を挙げての電力節減によってネオンサインの明かりが消えたからということでした。

これで、美容室でドライヤーがあるのに使わず、コテでカチャカチャと髪をセットする理由がわかりました。

しかし、節電しているといっても、脇道の一角にあるキャバレーの入口は、まばゆい光に満ちていました。

南山にて

初めてケーブルカーで南山に上がりました。売店には、日本と同じヤクルト(文字だけハングル)がたくさん並んでいて、辺りはカメラ撮影禁止のステッカーが貼ってありました。

タバコを吸っている兄に、老年の男の人が現れて「タバコくれ」と手を出したので、火をつけて一本あげると「馬鹿!」と言って背を向けて行ってしまいました。あっけに取られる兄に「知っている日本語がそれだけなんです」と、夫が弁解しました。

当時韓国人は外国産タバコを吸うと、三万ウォンの罰金を払うことになっていました。

名字の数

南山から石を落とすと、金さんか李さんか朴さんに当たると言われています。韓国の姓は約二五〇種ですから、同姓がたくさんいるわけです。日本の名字は一〇万種をはるかに超えるといいます。それに日本と絶対的に違うのは、先祖の出身地が同じ同姓婚は認められていないので、いとこ同士の結婚はありえないことです。

青唐辛子

「巨亀荘」という大食堂は、客の声が高い天井にまで響きわたり活気に満ちていて、何でもおいしいのでよく立ち寄りました。

ある時、前方に座る美しい若い女性が、生の青々とした唐辛子を真紅のマニキュアの白い指先でつまみました。唐辛子だけでも十分に辛いのに、コチュジャン（唐辛子みそ）をたっぷりつけたので、思わず目を見張りましたが、その人は涼しい顔で食べ切りました。

オレンジジュース

李朝時代の王宮だった景福宮《キョンボックン》内のベンチで休んでいると、横の売店で缶入りオレンジジュースを買った日本人旅行者が、「高い」と言っているのが聞こえてきました。

それで、「日本よりも高く感じますが、スーパーでも同じ価格ですから外国人に対して特に高くしているのではないですよ」と声をかけました。

花刺繍の座ぶとん

料亭に入ると、鮮やかな座ぶとんが置かれていました。艶のあるサテンの青色、黄色、赤色の三原色のはっきりした中に、カラフルな原色の花束の刺繍。座るのをためらうほどきれいです。

「こういう花の座ぶとんに座ると、男は浮気するといいます」と夫はうれしい表情をしました。

有料トイレ

地下商店街の有料トイレ入口には錆びた空き缶があり、一〇ウォン（約七円）を入れます。その卓には編み物をするおばさん、新聞を広げているおじさんが、無表情に座っていました。

公衆トイレよりはましなので利用しましたが、立ち込める臭さは同じです。しかもその臭い中でご飯を食べている人がいたのです！

夏の夜

町はずれの商店が並ぶ道端では、ゴザを敷いて涼む人が多く夜遅くまでざわざわしてい人もいました。

ました。広げたゴザの上では、将棋をさしたり、まくわ瓜を食べたり、睡眠をとっている

日本製機械

近くの店のおじさんが「寿司がぐるぐる回る機械はどこで買えるか?」と言うので一瞬何のことか考えてしまいましたが、それは回転ずしのベルトコンベヤーのことだと気づきました。

また「アクセサリーを作る機械はどこで買えるか?」「百円玉を千円紙幣に換えてくれるか」とか急に声をかけられるので、返答に窮することもしばしばでした。

とぎ屋さん

「カラヨー」と声が響いてきたので「何かしら?」とテラスから見ていると、おじいさんが黒い傘を修理したり刃物を研いだりしているので、さっそく日本製の包丁を持っていきました。

おじいさんは大きな砥石で研ぎながら何かぶつぶつ言うのですが、まったく意味がわかりません。

そして終わるとさっと腕を伸ばして、包丁を高くかざしたのでぎょっとすると、大きなしぐさをして頭のてっぺんにある髪の毛を二、三本つまみました。

そして、その髪の毛を切って「これでいいかい」という顔をしました。

ちなみに、金浦空港の入国審査で、搭乗機はＫＡＬ（カル）だと言ったら職員が苦笑いして、その発音だとカル（刃物）に聞こえると指摘しました。

錆のある声

東京から来たお客さんたちと食事したあと、高級酒場に案内しました。夫がすぐにバンドを手配したので、エレキギターとスピーカーを持ったぼさぼさ髪の中年の伴奏者が、部屋に入ってきました。その男の人は、修羅場を見てきたような暗い雰囲気があり、日本の歌謡曲は何でも伴奏するといいました。

座興も心得ていて、皆が一息すると「カスバの女」を歌ってくれました。それはねっとりした情念がこもっていて聴きほれてしまいました。

韓国語は激音（息を強く吐きながら発する音。日本語にない音）があるので、のどが鍛えられているから、歌が上手いと聞いていました。

しかしそれは激音だけでなく食べ物と関連しているようです。

箏曲「春の海」の作者・宮城道雄は、日本統治時代に暮らした仁川で聴いた芸妓の声について、エッセイ集『心の調べ』（河出書房新書）で次のように書いています。

「食物などによって、その国々の声が違うように思う。……長く朝鮮にいて妓生《キセン》の声が非常にいい声だと……内地流にいえば、錆《さび》があるとでもいうか、すこしかすれた声で、それは辛いもので喉を刺激する所為か、声の中に空気が交ざったような少しかすれた声がでる……その声がまた何ともいえぬ味がある……」と。

もやしバス

毎日のように食卓に乗る豆もやしは、食べると背が高くなるといって子どもによく食べさせる庶民の味方、国民食の代表です。

韓国では満員のバスを「もやしバス」と呼びますが、日本語の表現ではぎゅうぎゅうの「すし詰め状態」のことになります。

互助精神

高校生のカバンには、教科書以外に二つの弁当箱（夜まで学習する）が入るので骨格がゆがむと、社会問題になっていました。

ですから、バスなどで座席にいる人は、重いカバンや荷物を膝に乗せてあげる互助精神が身についていました。

そういう親切に慣れない頃は、どこからか手が伸びてきてカバンをぐいぐい引っ張るので「なによ！」と奪われないように握るのですが、相手の力に負け手放してしまいます。カバンの行先を目で確かめると、知らない人の膝の上にありました。

フナ

バケツをさげた若者がバスに乗ってきましたが、空席がないので、バケツを足元に置いて立っていました。

ほどなくして、若者がかがんでバケツに両手を入れたので、なにげなく眺めていると、魚を摑んであっという間に口に入れて飲み込んでしまいました。

それは、一〇センチぐらいの、確かにフナです。それをするっと口の中に入れるとはビックリです。

それを見てしまったわたしは気分が悪くなりましたが、若者は何事もなかったようにバスに揺られていました。

物売り

バスの中での商売が盛んでした。歯ブラシやボールペン、靴下などを、巧みな口上で買う気にさせます。

それも停留所ひと区間で売るのですが、乗降時に運転手に目礼するだけで乗車賃は払っていませんでした。

南大門

学校帰りでした。夕陽が射しこんでいるバスの車内、疲れているのかキムチの匂いが鼻につきます。「こういう時は、帰ってコーヒーを飲むのが一番だわ」と考えながら立っていると、前に座っている、黄緑の鼻汁をたらした男児が、「クダ（でかい）！」とすっとんきょうな声を上げました。

その瞬間、毛糸の帽子を鼻汁すれすれまで引き下げたと思ったら、ぱっと上に戻して、ニイッと笑ったので、黒い虫歯が丸見えでした。

きっと国宝第一号の南大門を見たので、嬉しくて仕方ないのでしょう。

「君さあ、どこから来たの？」

「仁川《インチョン》！」とまた虫歯を見せました。

ガム売り少女

ソウル駅前の喫茶店に入ると、語気の強い声、大きな笑い声、言い争う声、タバコの煙で充満していました。

夫はコーヒー、わたしはいつもの七星サイダーを注文し待っていると、小学生くらいの少女がチューインガムを、テーブルに一個ずつ置きながら回っていました。

買うなら百ウォンをテーブルに置いて、気がないならそのままにしておくと、また少女が回収しに来ます。

靴磨き

小学生くらいの男の子が、隣のテーブルのおじさんの足元から、黒の革靴を持っていきました。

その人は、終始熱弁を振るっていました。テーブルの下の足は靴下のままぶらぶらさせて。

「どうする?　あの子が靴を持って行った」とビックリすると、

夫は「靴磨きだよ。すぐ来るよ」

はたしてぴかぴかの靴を持って来て、黙ってテーブルの下に置きました。そのおじさんは、熱弁を止めることなく靴をはいて、ポケットから小銭を出しテーブルの上に放りました。

傘売り

靴磨き少年は、にわか雨が降ると、傘売り少年に変身するようです。わたしたちが、東《トン》大門《デムン》市場で夕立にあって雨宿りをしていると、裸足になった少年が「ウサンヨ（傘です）、ウサンヨ」と雑踏の中、飛びはねるように生き生きと売り歩いていました。

ここでは雨が少ないせいか日本ほど傘を持ち歩きません。そもそも個人的に傘を所有する意識が薄いようです。必要になれば黙って他人のものでも使うので、わたしの日本製の傘を幾本も持っていかれました。

少年が売るこの傘は青ビニールを竹に張った手作りです。雨が止むとポイと捨てられるのですが、また拾って直すと聞きました。

新聞配達

いつもタッタッタと足音がして、夕刊が玄関に届くと、「ごくろうさん！」と声をかけました。クリスマスには、小さなお菓子を用意して待ちました。

その少年が学校の制服をきちんと着用して、辞めるからと挨拶に来ました。

「どうして？」

「よその新聞受けに入っている他社の新聞を抜くようにと、店長に命じられるのがつらいからです」と訴えるような目をしました。

牛乳パック

夕刊の「欠食児童に、牛乳パック二〇〇mlを配給」という記事を読んで、大変ショックでした。

町内の銭湯でもホテルのサウナでも、垢すりマッサージには全身オイルマッサージも入っていて、それは最後に牛乳をかけて流すのです。その時に使うのが二〇〇mlの牛乳パック一個です。

それひとつで昼食にお腹を満たす児童がいると知ってからは、美容のために牛乳を使うことができなくなりました。

ままごと

近所の子どもたちが、ゴザを敷いてままごと遊びをしているので、しゃがんで眺めました。

女の子のやりとりがかわいくて小鳥のさえずりのようです。

ぎこちない韓国語で、小石で紅い物をつぶしている子に、「それは何ですか?」

「唐辛子なの」

唐辛子とは、さすが韓国です。

そして、いかにも忙しそうに「早く市場に行って、おいしいニンニク買ってきてぇ」

お使い役は慌ててどこかに走り去りました。

ふと、おいしいニンニクはどのように見分けるのだろうか、知りたくなりました。

白い手

夕暮れ時、新村にある友人の下宿を訪ねた帰りでした。赤レンガの家屋が並んでいる路地裏を歩いていたら、コンクリートの塀に取り付けてあるゴミ箱と木のふたの間から白い物が見えるので、何だろうと近づくと、小さな白い手がかすかに動いているのです。

ぎょっとして体が固まってしまい、立ちすくんでいると木製のふたがぱっと開いて、女の子が出てきました。かくれんぼをしていたのです。

ひな人形

学校帰りに、新世界百貨店に寄って、おもちゃ売り場を通ると、ワゴンにあるものを手にして、「これは何だろう。気持ち悪い」と話している女子高校生の声が聞こえました。何のことかしらと、つられてワゴンの中を覗いたら、木目込みのひな人形が、ばらばらに転がっていました。

またそのひな人形の顔は、端正どころか、すごく陰険で不愉快になるものでした。どうしてここにあるのだろうか？　輸入品だろうか？　それともここで作った輸出用の残り物だろうか？

それにしても、本来のひな人形が持っている、魅せられるような気品とはかけ離れたものを一流百貨店が扱うとは、残念です。

人形遊び

「おばさんは日本人なの？　日本はどんな国？」と近所の子たちが訊ねるので、日本人形を見せるからと、家に呼びました。

結婚祝いとして贈られた大きなガラスケースに入った人形も、旅先で求めた京都の市松人形、東北のこけし人形も、口を揃えて「イサンハダ、イサンハダ（変だ、奇妙だ）」という反応だけです。

その後、韓国では女の子が人形を大事にしたり、人形遊びをすることがないとわかりました。

チマ・チョゴリの美

秋風が吹く夕暮れ時、近所の公園で朱のチマ（スカート）に緑のチョゴリ（上着）、朱のチマに黄色のチョゴリのふたりの少女がブランコをこいでいました。三つ編みに束ねた黒髪が背中で揺れながら、風にふくらむチマ。その色合いの美しいこと。これこそこの風土の民族が生み出した美だと、つくづく思いました。

数年前に出た『わたくしが旅から学んだこと』（兼高かおる著）を読みますと「世界中で最も美しく豪華な民族衣装は…好みでは着物、サリー、チマ・チョゴリと言うでしょう」という一節があり、意を強くしました。

美しい顔

語学研究所で一緒の朝美さんは、語学以外に伽耶琴《カヤグム》も習っていました。その琴の先生宅がわが家から近いので、練習後にカヤグムを持って寄ることがありました。

ある日、お茶をしながら言いました。
「先生は顔がすごくきれいなのに、娘の顔がぜんぜん似ていなくて、本当に違うのよねえ。もしかして先生は顔の整形をしたんじゃないかしら。父親似かしら。どう思う？」

ラジオ福岡

七六年の冬でした。日本語が恋しくてラジオ福岡やニッポン放送にダイヤルをあわせました。雑音がうるさくても、ラジオ韓国（ＫＢＳ）のつまらない内容の国際放送よりましでした。

時には、はっきりと聞こえて、「年末の宝くじを買うために並んだ人が二名亡くなった」というニュースまで、知ることになりました。

ユーモア劇場

東京から運んだソニーのカラーテレビで、モノクロ放送を見ていました。言葉の壁もありましたが、一番楽しんだ人気番組は「ユーモア劇場」です。

内容は日本統治時代のものが多くパターンも決まっていて、必ず、八の字ひげをたくわえた意地の悪い日本の巡査が、威張った態度で登場しました。

韓国版新派劇「金色夜叉」もありました。熱海という地名は出ませんが、黄色い満月の下、松の木の前で、マント姿の貫一がお宮を足蹴《あしげ》にする場面も日本と同じでした。

「ゴジラ」

AFKN（駐韓米軍放送）で「ゴジラ」が放映されたのですが、映画の中の五〇年代の町並みや着物に割烹着をつけた主婦が逃げまどう姿に、なつかしさを覚えました。

そしてその「ゴジラ」の時代と当時七〇年代のソウルの民度が同じくらいではないかと思いました。

銀座の歩行者天国

歌謡番組の人気司会者が、東京銀座の歩行者天国の道路に立ってレポートをしていました。満面の笑みで「いいですねえ。歩行者天国を馬鹿な顔した日本人が、楽しそうに歩いていますわ」と。

夫もわたしも同時に声を出して笑いましたがこれは韓国的なジョークです。この韓国人的冗談は、生真面目な日本人にはきついのです。言葉通りに受けて、「なんて失礼な。他人の国に来て」と腹を立てます。

しかし本心は、羨ましいのです。それを素直に褒めないで、ひねくれているというか、心に反したことを嫌味で表現するようです。

では、日本側の場合はどうでしょうか。明洞の通りに立って、日本人レポーターが「楽しそうに、馬鹿な顔した韓国人が歩いていますわ」と笑顔で言ったら……いえいえ絶対に言えません。言ってはいけないことです。この感覚の違いはどこから来るのか、今もってよくわかりません。

映画「雪国」

寒い日曜日に、川端康成「雪国」の韓国版映画を観るために、ハリウッド劇場に向かいました。

ノーベル賞作家の翻案と書かれた大きな宣伝ポスターがありました。さっそくダフ屋から切符（少し高い）を購入し、新聞紙にくるんだ焼きたてスルメをかじりながら列に並びました。

場内はざわざわしていて熱気でムンムンしています。

ブザーがなって、国歌が流れはじめると、だしぬけに観客全員が立ち上がり直立の姿勢になったので、慌ててわたしも起立して左胸に右手を当て敬意を表しました。初めての映画体験になるのに、夫は前もってこういうことを教えてくれませんでした。

国歌「愛国歌」が流れスクリーンには、はためく太極旗（国旗）と木槿《ムクゲ》（国花）が映り、ニュースがあり、本編が始まりました。

黒い汽車が長いトンネルを抜けていくと雪景色が現れました。

原作を読んでいなくても知っている有名な一行を思い出しました。期待が高まりますが、それからは違和感の連続でした。

舞台は韓国に置き換えてありますから、芸者の駒子はチマ・チョゴリを着ていて、和風の情緒は皆無です。

それでも、それなりの面白さはありました。

しかし、駒子が使う化粧台にあるロール型のトイレットペーパーが気になりました。

韓国では高価なティッシュペーパーの代わりに、トイレットペーパーを使っているのは知っていましたが、あの作品の時代背景を考えると化粧紙が妥当であり、ロール型のペーパーひとつで興ざめしました。

雪の夜
夜も深まるなか哀愁をおびた男の声が、高層アパート群にこだまします。

「チャブサルトック！　チャブサルトック！」

「あれは何なの？」

「食べてみたら」夫は二重ガラス窓を開けて、暗闇に向かって何か怒鳴るように呼んでから玄関ドアを開錠しました。

しばらくすると、ぱっとドアが開いて、寒風とともに雪をかぶった黒い服が飛び込んできました。

白い雪が一cmは積もっている肩からさげた木箱。雪を払ってふたを開けると、なんと大福もちが整然とびっちり並んでいるのです！　この寒さです。売れ残ったら困るだろうと、ふたりには多すぎるほど買いました。

オンドル（温突）
一般住宅ではオンドル（床下で練炭をたいて床を温める）暖房です。オンドル部屋の床は、コンクリートに厚い油紙が貼られています。上座は、焚口に近い温かい位置になります。
おびただしい量の練炭の燃えカスは、舗装されていない路地に捨てられました。練炭が普及する前は、薪を燃料にしたので山がはげたそうです。

荷車の詩

授業が終わり、新村ロータリーに向かいました。すると黒い練炭を山ほど積んだ荷車が、信号待ちをしていました。

練炭を引いているのはポニーでしょうか。きれいなベージュの体に白いまだらの清潔そうな馬ですが、際立ったのはそのポニーの手綱を持つ主人でした。上の顔から下の靴、手袋まで、全身練炭の粉で真っ黒でした。

大人のケンカ

学校帰りに新村市場に寄ると、通路でケンカをしていました。

自転車を引いた男と店の男のようで、罵倒し合う声が響いて、怖くて立ちすくんでしまいましたが誰も止めません。

止めるどころか傍観しているだけで、笑みを浮かべる人もいます。周りのそのような態度が解せないでいると、激高した店の男が、バケツいっぱいの水を自転車の男にひっかけました。はらはらしていると、水に濡れた男は文句を言いながら、自転車を引いて去りました。

韓国の大人のケンカは、なぜかこれ見よがしに人前でするので、見物してしまいます。

韓国語でハデなケンカができるほどの語学力がほしいという留学生もいました。

冬のカササギ

韓国では、朝出がけにカササギに出会うと、その日は珍しいお客が来るとか良いことがあるという俗説があり、最も親しまれている野鳥です。

姿かたちが優美で、つやのある黒い羽に胸が白く、長い尾のカササギは、「高麗がらす」「かちがらす」と呼ばれ、日本では北九州地方（佐賀県・福岡県）辺りだけに生息しているようです。啼き声は、がっかりするほどではありませんが、いいともいえません。

琴の名手宮城道雄はエッセイに「冬には、かささぎの声が珍らしかった」と書いています。

印象派のクロード・モネの「かささぎ」という題目の作品を見た時、ヨーロッパにもカササギが生息していると知りました。その画は雪景色です。庭先の簡素な木戸の上に一羽のカササギがとまっているのですが、東洋的な気配があります。

屏風の鶴

「婦人之友」を貸した知人から「表紙にある鶴の絵がとても気に入った方がいるので、切り取ってさしあげてもよろしいか」という電話があり快諾しました。鶴は千年といって、めでたいのは韓国も同じで、手工芸品にもよく描かれています。

その後、その知人のお誘いで、表紙を差し上げた刺繍家のお宅を訪問することになりました。

その工房室には大型の屏風に刺繍で描かれたあの鶴の姿がありました。

その見事な屏風を拝見しながら、「これほどきれいでも日本に置くと輝きがなくなるのは、なぜでしょうか」と訊ねたら「湿気の多い風土に強烈な色彩は合わない」という返事でした。

つがいの水鳥

オープンしたばかりのプラザホテル地下の工芸品の店で、一目で気に入った一対の雁の木工品を求め、その日から本棚の目につくところに置きました。すると来客が目に留めて笑いました。もともとは伝統的な婚礼の時に使われる木製の雁でした。昔は生きた雁が使われたそうです。

二羽の雁がいつも一緒なので、夫婦の愛情を象徴しているとのことです。ですから棚でなく玄関の台に置いて、奥さんが仲睦まじい時は向き合わせ、機嫌がよくない時は首を回してそっぽを向けるものだそうです。

猫とママチャリ

ソウルに来るまで、ずっと猫と暮らし自転車を乗りまわしていましたが、ここでは猫を見ることがありませんでした。ママチャリに乗るママもいません。

そもそも自転車に乗る女の人がいません。夫に問うと「韓国人はみな猫は嫌いだ。ましてペットにするなんて考えない。女性が自転車に乗ることも」という返事でした。

焼きそばと肥満児

わたしの好物であるソース焼きそばも生ラーメンもないと夫に言うと、その代わりにあの黒いジャジャン麺があるというのです。

また当時日本で問題になっていた肥満児もいませんでした。

日本男性の清潔感

日本語を学ぶ女学生が「街で見る日本の男性は、シャツの腕のところに清潔感がありま す。みながそうなんです。なぜでしょうか？」と、腕をなでながら、不思議そうに訊ねてきました。

日本広報館（現・公報文化院）

日本広報館で、日本の新聞を読むことは難しいです。一日中、男の人たちがメモしたり、ノートに書き写したり、熟読しているからです。

たまたま新聞を手にできても、紙面の隅が擦り切れていてめくりにくく唾液で湿っているので、気になりました。ですから必然的に図書室の本や二階のコーナーで新着の総合雑誌や婦人雑誌、「いけばな」の月刊誌だけを読みました。

雑誌を読んだ帰りに「砂の器」（松本清張原作）上映と、映画の予告が掲示されていたりしましたが、どんな人が観に来るのかしらと思いました。

日本人学校

幼稚部の先生が健康を害して帰国するので「後任の先生を探している」と、知人から日本人学校の幼稚部を紹介されて、面接に向かいました。

学校は漢南洞《ハンナムドン》の商店街の上にあって、環境はよろしくない場所でしたが、近い将来、広い敷地に移転する予定と聞きました。

案内された教室に入ると、駐在員の子女たちの歌声が響いていました。オルガンを弾いているのが、退職予定の若い先生でした。

ふと考えてみれば、歌も楽器も苦手なのですから、これは無理だとわかり辞退しました。

第四章　隣人たち

となり組

わが三湖《サモ》アパートの右隣のご主人は商社勤務、奥さんは中学の英語教師の共働きでした。ふたりは幼なじみだそうで、農家の縁先で挙げた素朴な結婚式の写真をうれしそうに見せてくれました。

左隣にも石鹸を持って挨拶に行ったのですが、夫が聞いたところによると、女子大生とお祖母さんのふたり住まいで、両親はタイに赴任中とのことでした。

六か月経った頃、ある程度韓国語が話せるようになったので、隣の奥さんの誘いで、日本にもあった「となり組」にあたる、月一回夜に開かれる班常会《パンサンフェ》に出席しました。

その日の町役場からの伝達は義捐金のことでした。ニュースでも大きく出たのですが、大雨で甚大な被害をこうむった被災者を救済するために、一世帯一〇〇〇ウォン以上を出すというものでした。

そして夜の国防の訓練日には、必ず電灯を消すこと、タバコの火も点けてはいけないと、注意がありました。

その月の給料から義捐金四〇〇〇ウォンが天引きされていました。助け合い精神はしっかり根付いているのです。

若奥様

冬、寒くて寒くてガラス細工のようにやせた体は、硬くなるばかりなので近所にあるヨガ教室に通いはじめました。月謝は一万ウォン（約六五〇〇円）で、いろんな年代の女の人ばかり二〇人ほどいました。そしてわたしが日本人であっても特別視されることもなく、伸び伸びとレッスンを受けることができました。

その中で美敬《ミギョン》さんとは、特に気が合って仲良くなりました。近所で初めてできた友人です。釜山なまりがあるかわいいママで、わたしの聞きにくいであろう韓国語をしっかり聞いてくれました。

ヨガの帰りに、ソウルに来て冷え性がひどくなったのでもぐさの温灸器でお腹を温めているけれど、それで治るだろうか、と言うと「治るわよ。お義母さんもそれで腰痛を治したわ」と答えたので、

「どのくらい続けたのかしら」と問うと、一五年というのです。痛みがなくなるまでの一五年間、温灸を当て続けたとはなんと根気あるお義母さんだろうと、感心しました。

ミギョンさんは、ひとりの幼子と夫婦の三人家族で五〇坪ほどのところに住んでいて――うちは新婚向きの二二坪です――日本の集合住宅では、考えられない広い間取りです。

初めてお茶飲みに招かれた時のことです。食堂に入ると、立派な食器棚に金の縁どりの洋食器があるので「これノリタケじゃないですか」と驚いて言うと、釜山の国際市場で購入したとのこと。そこでは日本製が何でも手に入るとのことでした。

わたしは結婚する時に、東京・虎ノ門で一二人用セットを一〇万円で購入したのですが、それはかなり贅沢な買い物でした。でもミギョンさん宅の一二人用セットは縁どられた金の幅も太く、ひとランク上のものに違いありません。

当時、韓国のふつうの家庭や食堂では、落としても割れない真鍮やステンレス、アルミ、石鍋が使われていました。

広い部屋には、大きく流麗な文字の額がかかっていました。それは静謐《せいひつ》な立派な書でした。どなたの作品で内容は何かと問うと「お義母さんが書いたの。意味はよくわからないけれど、銀や玉のような子どもを大切に育てなさい、ということらしいわ」と、気がない返事でした。

あの一五年かけて腰痛を治す辛抱強さ、このような教えを書にする能力、なんて立派なお義母さんだろうと感嘆しました。

ミギョンさんは日本製の服やバッグにも関心があって、よく見ていたのでしょうか。わたしがはいている日本製のGパンが、妹に合うようなので譲ってほしいと、釜山から上京した妹さんを連れてわが家に来ました。

妹さんはとても清楚《せいそ》な音大生です。夏休み期間は、長野の軽井沢でフルートのレッスンだけして、帰国の日に銀座に立ち寄っても買い物はしなかったそうで、お姉さんとは対照的です。その妹さんがGパンをはくとぴったりでした。

代金の話が出ましたが、古着を売買したこともないので困ってしまいました。

「いらない」「それはだめ」とやりあった末に買った値段の約半分、二〇〇〇円をもらうことにしました。

ミギョンさんは、釜山にある大学で美術を専攻して大学院を出ていました。体が弱いので、ずっと車で送迎されて通ったといいます。車を乗り降りするところを他の学生に絶対見られたくないので、決してわからない場所で待機してもらったそうです。そういう一面がありました。

アメリカに留学している兄夫婦への送金もはんぱではありません。

「ミギョンさんは上流社会の若奥様なのねえ」としみじみ言うと、

「いいえ、そうじゃないわ。そういう奥様はまた違うのよ」と否定して、「ソンビ（学徳が高い人）」の家柄だといいました。

そして、自分はいつも不平不満があるのに、

「ヨシコさんは不満を口にしたことがない」と言いました。

考えてみると、わたしの立場は不平不満があったとしても、言い立てる相手がいませんし自力で解決するしかありませんでした。

代筆だった恋文

ミギョンさんが、タクシーの相乗りをして知り合ったという同世代の奥さんを紹介してくれました。

「ヨシコさんと友達になれるかもしれない」というので、同じ棟のお宅にふたりで訪ねました。

話すと、韓国語がわたしと同じレベルの、大阪から来た在日コリアンでした。

ご主人が映画監督として訪日した際に出会ったのですが、まだ高校生だったのでまった

く気がなかったそうです。ところが熱烈なラブレターが何通も届き、その手紙の文面に心が動いてソウルに嫁いできたのです。

ところが、ケンカした時に、手紙の内容を知らないことからプロの代筆屋が書いたものだったと判明しました。

それを知って大ショックだったと話すのですが、それはまるで渋谷の恋文横丁を連想させるものでした。

ある時道すがらばったり会ったのですが、パリのプレタポルテのスーツを着ているので「まあ、お出かけですか。素敵だわ」と挨拶すると、

「友人の女優さんから、マージャンのメンバーが足りないと電話がきたので、急いで行くところ」だと言いました。

やはり、わたしの知らない世界の人で友達にはなれないと思いました。

アメリカへの移民

同じアパートに夫の職場の後輩が住んでいました。

その奥さんからキムチの漬け方を教えてもらうために、お宅を訪ねたことがありますが、居間には白の大きな三面鏡がありすべてがモダンでした。

すらっと上背がある奥さんは、学生時代に、バレーボールの韓国代表選手として日本遠征したそうで、その際おみやげに買った日本人形の色があせてしまったということを、英語で言いました。

翌年でしょうか、希望していた移民の手続きが終了したということで、アメリカに引っ越しました。いい住まいといい職場があるのになぜ、と訊ねたら、「親戚がみなアメリカにいるから」という返事でした。

分譲アパートの抽選会

新村の韓国語学堂に通学する毎日、江南高速ターミナルの向かい側にある畑には緑の野菜が並んでいて、「いいなあ」とバスから眺めていました。

ところが、ある日突然、その畑が掘り起こされて、瞬く間に高層アパートの建設が始まったのです。当時は高度経済成長期の真っただ中で「忙しい。忙しいよ」という流行語を、みなが口にしていました。夫が言うにはこれからどんどん開発されるとのことでした。

さっそく分譲アパートのモデルルームが、畑の中にできました。夫に見てくるように言われたので、見学に行きました。

モデルルームは、押すな押すなの人気でほとんど女性でした。部屋の間取りは大きなバスルームが二か所あり、わたしには豪華すぎました。とりあえず申請しましたが、想像以上に抽選倍率は高くて落選でした。

あとで知ったのですが、自宅用というより、権利を得たらプレミアを付けて転売することを生業とする人がほとんどだったそうです。

不思議なできごと

七八年四月、朝陽が射すテラスの椿の葉が、つやつや光っている静かな朝でしたが、ニュース報道は大騒ぎでした。

数日前から〈KAL機が行方不明〉という大事件が発生したのです。

それには夫の同僚の鄭《チョン》さんが乗っているというので驚きました。鄭さんはパリ出張の帰りでした。

ずっと後日、詳細を聞いてまた驚きました。空港を離陸してほどなく、「席を替わりたい」と鄭さんに頼んだという韓国人の男性がいて、座席を取り換えてあげたことがわかりました。

そのKAL機が狙撃され、ソ連のムルマンスク近郊の凍結した湖上に強制着陸しました。ソ連の狙撃によって命を失くした韓国人は一名でした。その一名は、鄭さんの座席にいた方だったのです。機内で「席を替わりたい」と望まれて鄭さんは、席を交換したのですが、その結果こういう事態になりました。不可思議なことです。

鄭さんは長年、ＫＡＬ機のパーサー職にありましたから、閉じこめられた機内でも他の乗客のために、いい働きをしたに違いありません。また、万が一の時は奥さんは再婚すればいいが、娘はどうなるかなと考えたとのことです。

話は飛びますが、鄭さん夫妻はクリスチャン（プロテスタント）です。鄭さんは日曜出勤の日は遅刻します。上司には遅れないように注意されても、可能な限り遅刻しました。なぜなら教会の日曜礼拝に出るからです。

その頃はソウル市民の約二五％が、キリスト教徒といわれていました（現在は少し減ったそうです）。

「三度のご飯より教会が好きということだね」と、教会が好きでない夫は、失礼なことを言いますが、鄭さんの夜の祈りが三〇分もかかること、それもほとんどが自分以外の人のために祈ることは知っていて、「本当にいい人なんだよ」と感銘もしていました。

昼休みに食事して会社に帰る途中で、鄭さんは露店のおばさんから使うこともなさそうな物を買います。

「そんなものを買ってどうするのか」と夫があきれると、「自分の母親にしてあげたと思えばいい」と答えたとのことです。

その後、ヨンセ大学の医学生だった弟さんが、進路を変えて牧師の道を歩みはじめたと聞いた時は「もったいない」というか「すばらしい」というか、わたしは口ごもってしまいました。

成功者の町

縁があって、サモアパートから延禧洞《ヨニドン》のライオン建築と揶揄《やゆ》されている、いかめしい構えの洋風家屋が立ち並ぶ地域に引っ越しました。

二階には家主さん夫婦が住み、その一階です。

家主宅には、梨花女子大付属の小学校に通う男児がふたりいました。抽選入学ですから外れも多いのに、兄弟ふたりが入学できたのですから、運がいいといえます。ご主人は会社員で、奥さんは町内でピアノ学院を経営していました。

のちに知ったのですが、町内には、高名な女優と暮らす財閥の創業者の邸宅もあり、成功者が住む町でした。確かに家主さんのお父さんも成功者のようでした。

「五〇〇万ウォン（当時のレートで約二六〇万円）かけて、海外を見て歩いた」そうで、そのスケールの大きさからも当時の韓国社会では破格でした。

そのことを語学堂で話すと、講師は「大きなスーパーの経営者でしょう？　その程度はまだまだで真の成功者ではない」と言い放ちました。しかし、わたしから見れば大成功者です。

その会社経営者の長女が、二階に住む奥さんです。経営者夫妻は、体格が良くて堂々としていました。時期はわかりませんが中学の同級生同士で結婚して二人でソウルに来たようです。そして事業も発展して延禧洞にライオン建築の家を二軒所有し、子女教育も並ではありませんでした。

父親自身は、子どもが小さい頃も大学生・大学院生として勉強していたそうで、娘としては「お父さんが学校に通うのが恥ずかしかった」そうです。

父親の影響でしょうか、長女はヨンセ大学でピアノを、三女は梨花女大で声楽を学び、二女は米国に留学中で、みな家庭をもっていました。四番目の長男は一浪中でしたが、いつも明朗で素直、わたしにもきちんと挨拶をしました。たいてい四人も子どもがいれば、親に反抗するとか、ドロップアウトする子がいるものですが、それもありません。

ピアノ学院を運営している家主の奥さんは、月謝の支払いが難しい子には無料で教えていました。

そしてわたしに、洗濯おばさんのひとり息子が、とても優秀で羨ましいとほめて「おばさんは少しとろいけど、何となく品がある顔だからもともとは育ちがよかったはず。戦争で財産を失くして…」と小声で言いました。

決して傲慢な面はないのですが、二階は暑くてがまんできないと、百万ウォン（夫の給料の約二倍）するアメリカ製のエアコンを、ぽんと購入したのはさすがです。

一階のわたしたちは、それほど暑さを感じないので、エアコンどころか、扇風機もときどきしか使わないのでとても倹約家と見ていたようでした。

ある時、奥さんに、資産作りの秘訣を伺ったら、「無駄使いしないで少し貯まったら、小さな土地を買うことから始めなさい」と言いました。当時の韓国経済は絶好調で、不動産は毎日上昇していました。

宝石商

二階の奥さんの紹介で、日本語のレッスンに来るようになったキムさんは、色白のふくよかな方でした。ご主人が営んでいる鍾路二街《チョンノイーガ》の貴金属店にときどき出るので、日本人客の対応も考えているようでした。

同じヨニドンにあるお宅に招かれて行くと、細身で几帳面な感じのご主人は、ピンクのバラが咲いている庭で雑草を抜いていました。

地方から出てきて、カバンひとつの宝石のセールスマンから、中心街に店舗を構えるに至ったのです。そしてラジオでスポット広告を始めると、地方客が増えてますます繁盛していました。

夫人のキムさんの話から、おごることなく、従業員のことを大切にしていること、身内のためにもいいお嫁さんであることがわかりました。また、お嬢ちゃんは、ぴかぴかの黒塗りの車にちょこんと収まって、梨花女大の付属幼稚園へ通っていました。

ドロボーにあう

昨夜、前の邸宅にドロボーが入ったと大騒ぎになりました。カーペットの下に隠した宝石から時計まで盗られたというのですから、ビックリです。

二mはあるコンクリート塀の上には、鉄の矢が上に突き出ていますし、加えて有刺鉄線まで張られていたのですから、どのように侵入したのだろうか、不可解です。

門の扉はインターホンで確認してから開けますし、部屋ごとに防犯ベルが設置されていて、防犯ベルが押されると、近隣に鳴り響くようになっていました。

昨晩、夫婦は外出していて、若いお手伝いさんと三人の子どもたちは、同じ部屋でテレビを見ていたということですが、きっと、気が緩んで戸締りをしなかったのではないでしょうか。

貸本屋

三軒隣に夫婦で貸本と服の修繕をする店がありました。

暇な折に覗くと、棚はマンガばかりなのですが、隅に古い「毎日グラフ」「文藝春秋」「主婦の友」が放置されたように積み上げられているのを発見しました。

これはラッキーとばかり、すぐに一冊二〇ウォンで二冊借りました。それから日に二度も借りたりするので、行くたびにミシンの前で繕っているおかみさんが笑います。

東京・お茶の水にある女性専用の図書館には、「主婦の友」が充実して並んでいたので、つれづれに読むことがありました（まだ主婦ではありませんでしたから）。

そのときに読んだ記事をソウルの空の下で再び読むというのも変な感じでした。

借り手もない古雑誌を喜んで読むからでしょうか、ある日、ご主人が「そのまま読んでいいよ」と言ったのですが、それはできないとその都度小銭を支払い続けました。読み切った時に、

「日本人は律儀だね」とご主人に言われました。

課税の仕方

母からの小包が到着すると、新村にある国際郵便局に取りに行きました。シャンプーやリンス、クレンザー、サッポロみそラーメン、ふりかけや、お茶漬けの素、すしのこ、梅干し、京のしば漬けなど、こちらで食べない食品や二〇〇〇円以下のものは無税です。しかし、インスタントコーヒーは、瓶から職員がビニールの小袋に入れかえて、秤にかけました。二〇〇gは基本五〇〇〇ウォンで、それ以上は一〇〇g単位で課税されました。

そして、すきまに挟んだ新聞紙は、まるめてポンとゴミ箱に捨てられました。印刷物もばさばさと向こうに投げ捨てられるので、カウンターに身を乗り出して「この場でいいから立ち読みさせて」と、しわくちゃの新聞を目で追いかけながら、声にならない声で叫びました。

国際郵便局の帰途

十二月に入ると、住宅地には郷土の物品である、のり、カンジョン（伝統菓子）、ごま油などの物売りが増えます。

その日は正月用品が母から届いたので、新村の国際郵便局に取りに行きました。その帰り道です。

「そこのおばさん！　何持って来たの。見せてごらん。買うから」と、門の前で手招きするおばあさんが立っていました。

わたしは、上京した物売りに見られたとすぐに気が付いて、頭をさげ手を横に振りました。

あ〜あ。スカーフかぶって段ボール箱をさげて、雪解け道を足が取られないように下を向いて歩いているのですから、勘違いされても仕方ありません。

福を呼び寄せる

子どもが三年経っても授からないので、セブランス病院の産婦人科に行きました。医者はやせぎすのわたしを見て、一目で疲れているのがわかると言って「心身の緊張を取りゆったりしましょう。それから検査します」と精神安定剤を処方してくれました。

そのことを、近くに住む上司夫人に相談すると、東大門の韓方薬の店に連れて行ってくれました。韓方を三か月も煎じて飲めば体質が変わると言われました。

黒っぽい陶器のやかんをガスコンロに乗せて、弱火で三時間ほど煎じた漆黒の液体は飲みづらく、文字通り「良薬、口ににがし」でした。これを一日三回、三か月行うのです。家の中は韓方薬の匂いがただようのですが、それは福を呼び寄せるといわれました。

花屋の弟子になる

朝鮮ホテルの正面ロビーには、いつ行っても大きな生花が飾ってあり、その美しく新鮮な花々は、わたしにとって砂漠の中のオアシスのように、心に染み入りました。ですから市内に出るたびにホテルに立ち寄りしばらく眺めていたものです。

その華道家の名前は任華公《イムファゴン》さんで、生花界の大先生でありその華公会で日本婦人たちも生花を習っていました。

また、東部二村洞《トンブイチョンドン》で花の会を主宰しているキムさんは、六〇年代に東京で草月流の資格を取って帰国した方で、指導者が少ないこともありたくさんのお弟子さんを抱えていました。

わたしは小原流家元認許の看板を持っていたので、日本広報館で「小原流挿花」を読みながら、腕が鳴るほど生花活動を望みました。

願っているとチャンスが来るもので南大門花市場内に店舗を構える花屋の師匠の弟子として、手伝うことになりました。場所は北倉洞《プッチャンドン》にある古い日本家屋の日本料理店。ホールのテーブルや和室の床の間に一〇杯ほど活けました。

花屋の師匠は野趣に富んだダイナミックな活け方をしますが、わたしは空間を生かし花数も少なめです。

朝のひっそりした店内で、週に一度、月曜日の午前中に贅沢な花々に囲まれて自由に思いきり活けることができたのです。

空港の貴賓室

七九年、福田赳夫元首相夫妻が来韓の折に、金浦国際空港の貴賓室の花を活けたのですが、その翌日の新聞記事で、福田夫人の韓国の第一印象は「お花がきれい」だったと知りました。

飛行機から下りてまず貴賓室に入ります。それが第一印象となるわけですから、我々花師は喜びました。

数か月後、今度はアメリカのカーター大統領一行が来韓する前日、金浦国際空港の貴賓室に向かいました。車には、花市場で仕入れた極楽鳥花など貴重な花材を大量に積んでいました。

沿道はより華やかで、太極旗と星条旗がはためき色とりどりの小花の鉢が並び大歓迎ムードに溢れていましたが、警戒の物々しさもかなりのものでした。

我々は貴賓室内の調度品にあわせて、盛り花、投げ入れと、時間が制限されているので靴も脱ぎ捨て息つく暇もなく作業に夢中になりました。

ところが、実際にカーター大統領一行が下り立ったのは米軍基地でした。

朴大統領有故

七九年一〇月、その朝は朝刊がいつものテーブルにありませんでした。夫は読んでテーブルの上に置いたまま出勤するのに、今日は変だなと思いつつ見つけました。そして手にした新聞の一面の見出しに「朴大統領有故」とありました。有故って何だろう。事故があったことかしらと、辞書で探してもありませんが、記事をゆっくりと読み進めて、あの朴正煕《パクチョンヒ》大統領が病院に運ばれ何か大変なことが起きたようです。

隣近所も時間が止まったようにしんと静まりかえっていました。不安で一日外出せずじっとしていました。

夜、ふだん通りに帰宅した夫になぜ新聞を隠したのか問うと、わたしが動揺しないようにしたとのことでした。

そして朴正煕大統領が、宴会の席で側近によって射殺されたことを知って驚きました。

その夜、テラスから暗い空を見上げると、青白い月が冴えわたっていました。

翌日には、騒然とした世間に戒厳令が出ました。それから日本人はぞくぞく帰国し、隣家では家族そろって近くに設置された献花台に行ってきたといいました。

第五章　日本婦人たち

「あなたを待っていました」

ソウルは残暑が短くて一気に秋が来るので、九月に入ると涼しくなり心細くなりました。

その日は、外食するために西小門《ソソムン》にある会社から退《ひ》けてくる夫を、コリアナホテルのコーヒーショップで待っていました。

するとそばで、おしゃべりしていた中年女性グループのひとりが、

「日本の方ですか?」と声をかけてきました。日本語を使いたい様子なので、「よかった」と思って、ソウル生活の不安を話すと、

「わたしの日本語の先生に会ってごらんなさい。とてもいい先生だから何でも教えてくれますよ。白いオカッパ頭だからすぐわかります」と、鍾路二街にあるというYMCA会館の教室を教えてくれました。

そこで、現れた夫にさっそく案内を頼んで、鍾路に向かいました。わたしはなぜか気がせいて幾度も敷石につまずきました。

教えられた通りにＹＭＣＡ会館の四階に上り、ドアが並んだ一番奥のつきあたり。そこに「韓国観光研究所」という看板がありました。

そのドアに張ってある日本語のメモを読もうとすると、廊下に靴の音が響き、白髪にコバルトブルーのボウタイブラウスの方が、

「失礼いたしました。美都波《ミドパ》デパートで教えてきたところです」と挨拶をされました。物腰のやわらかいその方が、日本語教師の山城志寿先生でした。ドアを開けて入ると小さな教室でした。

わたしは先生と向き合って、なぜここに来たか堰《せき》を切ったように話しはじめると、じっと耳を澄ましていました。そして、

「あなたのような人が来るのを待っていました。こういう時がいつか来ると思っていました」というので、驚いて目が丸くなりました。

「わたしを待っていた」とは、どういうことだろうか。

敗戦後、先生の親兄弟は九州に引き揚げました。韓国人と結婚したばかりの先生に、「きっと、迎えに来るからね」と言い残して。でも、まだ迎えに来ない。その代わりにわ

たしが来たというわけです。

これまで、残留婦人の存在を一度だって耳にしたことがありませんから、ホントにビックリでした。それから流ちょうな韓国語で夫とやりとりしたあと、朱色の口紅とマニキュアがとてもお似合いの先生は、わたしに向かって、

「ここでは人間関係に気を付けたほうがいいですよ。日本人のことを裏ではなんて言っているかわかりませんから。ご主人のためにもね」と忠告してくれました。

じきにドアをノックする音がして、次のレッスンの生徒が来たので、立ち上がりました。

このようにして、ソウルの母ともいえる山城先生と出会い、長いお付き合いが続くことになります。

その後、わが家に最初に来られた日のことをよく覚えています。何か日本の味をと考えて、天ぷらを六種類揚げて、酢の物・きんぴら・あえ物・梅干し・かつお節・みそ汁・日本茶を調えると、

「おいしい、おいしい。いい思い出になるわ」と喜んでくださいました。そして流れにまかせていろんな話題が出るのですが、小説よりも刺激的でした。

お帰りの時、買い置きしてあった萬古焼の急須を差し上げると、また喜ばれました。

先生が来宅するたびにおみやげに持参するのは、アメリカ製のパイナップルの缶詰です。そして帰りはタクシーでお宅に戻るだけであっても、コンパクトを出して化粧直しをしました。

敗戦直後から立場が逆転し、外では日本語で話せなくなり、時には口がきけないふりをしたそうです。

食料もなく、隣の敷地から伸びてきたホバク（ズッキーニ）を切り取ったところ、「日本人の嫁はドロボーか」と隣家が怒鳴り込んで来たことがあったそうです。その時かばってくれた早稲田大学を出た義父が、外出先から帰宅して、にこにこしておみやげだと差し出したのは韓服用の花柄の布沓《ぬのぐつ》でした。そのきれいな花沓を手にして無性に悲しかったそうです。敗戦しても日本人としての誇りがあったからに違いありません。

在韓日本婦人の集まりである「芙蓉会」（韓国人と結婚した日本人妻の会）の発足当時は書記を担当しました。その時は「いつも上品な韓服姿で出席したのよ」と、他の婦人から聞きました。

その後ご主人が亡くなり、助けてくれる身内もいない地で、五人の子どもに高等教育——ご長男はソウル大学の法学部と経済学部を卒業していますーーを受けさせるために、夜間大学の聴講生になって韓国の歴史を学んで、その後日本語を教えはじめました。

そのころに髪の毛が白くなったそうです。

教えはじめると、思いがけない協力者が現れました。その方は、日本統治時代、秘かに児童たちに韓国の愛唱歌「ふるさとの春」を歌わせていた山城先生を、覚えていたのです。対日感情が厳しい状況下でも、こういう心の交流があるのかと感銘を受けました。

「いつもね。日の丸を背負って生きている感じですよ。この頃は日本の国力が強くなって……よかったわ」

「大っぴらに日本語も教えられるようになって、肩身が広くなりました」

「休む暇がないくらい、学びたい生徒さんがあとを絶たなくて……ありがたいことです」と、一日十二時間教えることもあり、足はむくむし教室の長いすで寝ることもあるそうです。

これは誰にでもできることではありません。

「冬寒い時、お金がなくて質屋に行って、買った練炭四個を藁《わら》でくくって家に急いだ」など、自身の体験を話して、日本語の生徒さんを泣かせたり笑わせたりしました。

教室にはさまざまな相談事が持ち込まれるそうで、五〇〇ウォンの札束が包まれたふろしきをどんとテーブルに乗せて「日本に帰った産みの母親を探してほしい」と頼む人、日本に渡った親族を見つける依頼を受けて、うまく探し当てても「子どもは父が韓国人であることを知らないので、もう探さないでほしい」と号泣する人もいたそうです。

わたしがこういう話をまとめて本にしたらいかがですかと勧めると、「チンケな話です。誰も読みません。パリに行った岸恵子さんが書くのなら華やかでいいでしょうけどね」と、岸恵子さんの名前が出てきたので驚きました。

わたしは、敬意を抱く山城先生を知ってほしくて、知り合いによく紹介しました。

ある日、在日系の雑誌記者だった知人を連れて教室に行くと、ドアに日本広報館にいると書いたメモ紙がありました。

そこで、日本広報館に行くと、相馬雪香氏（父親は憲政の神様と称された政治家・尾崎行雄）の創設した「日韓女性親善協会」の会議中でしたが、休憩時間にお呼びだてして知人を紹介しました。

その帰り道です。

「あのような会議にも参加するのね。ホントに立派よねえ」と言うと、知人はしばらく黙してから、

「あんな風になりたくないわ」とつぶやいたので、ビックリして、「ホントにそう思うの？　どうして？」と問うたのですが、ついに答えることなく話題を変えました。

秘苑の大茶会

日本から来た母と王宮のひとつ昌徳宮《チャンドックン》の秘苑を散策していました。すると地味なスーツを着た中年女性が追いかけてきました。

そして庭の奥にある楽善斎《ナクソンジェ》に住まわれている李方子妃が、八〇歳すぎてもいかに若々しいかを繰り返し述べた後に、渋い茶色の本を差し出して購読を促しました。それは方子妃が書かれた自伝『すぎた歳月』（七三年刊）でした。

わたしはどういうことか理解できないでいると、母がさっと手を出して買いました。

母の年代の人はよく知っていることらしく「あの人は女官だわね」とつぶやきました。

梨本宮家から、李王家の最後の皇太子・李垠《イウン》殿下に、「ただお国のためにと、ひとことの相談もなくおしつけられた、思いもかけぬ結婚」をして稼いだ李方子さま。

敗戦後は時代の荒波に打たれて大変な苦労をされました。韓国に戻られてからは、忍耐が第一というお気持ちで乗り越えてこられ、韓国の障害者のための福祉事業を起こされたのです。

七八年の五月です。山城先生から秘苑のお茶会に誘われました。平素一般人が入れない楽善斎も見学できると知り興味津々で参加しました。

ご一緒したのは、先生の近しい人で、華道家の黄会長や仏教に詳しい尹《ユン》さん、陶磁器の店を経営しているキム女史、ソウル大を出た家庭婦人、そしてわたしでした。

この日韓の親善交流の大茶会は、森田さんという茶道の先生が、慈善活動として主催しているとのことでした。茶会には、日本の方も韓国の方もいて、お茶席では、着物を召された方と韓服を召された方が、隣同士に座っていました。

わたしの向かい側にいる韓国婦人の立てひざと日本婦人の正座の対比がおかしくて、笑いがこらえきれませんでしたが、それはわたしだけでみなさん澄ました顔でした。

庭園の緑ゆたか樹木の下、イスに腰かけて韓国式の煎茶のお手前もいただき、その一角にあるコーナーでうどんも食べて、方子さまの事業である手芸品や七宝焼など、小物も購入しました。

近くに五、六人が集まって笑っているので近づいてみると、デニムのエプロン姿のお嫁さんのジューリア女史と共に、紺色のジョーゼットワンピースの方子さまも一緒に談笑しておられて、ホテルのレセプションで外国の方と英語で話されている時とは違う親しみを感じました。

知人の日本婦人に聞いたことですが、李垠殿下の記事が載っている新聞が道端に落ちていると、そのまま見過ごすことができない方子さまは、車から下りて拾い上げて持ち帰ったそうです。そしてご自身で、切り抜いてアイロンをかけてスクラップしたとのことです。

わたしが「方子さまは苦労が顔に出ないで、いつも山あいの湖水のように穏やかですね」というと、「それは、修養を積まれているお方だからですよ」という返事でした。

方子さまの茶碗

九七年、小公洞《ソゴントン》の地下商店街で焼き物や伝統的な小物を販売するキム女史と東京・赤坂見附で会いました。

キム女史はすぐに「方子妃の茶碗を三万円で買いませんか」と、銘入りである黒い茶碗を取り出しました。

「息子の教育費がかかるし、茶道の茶碗どころでない」と返事すると、それでも勧めるので、「茶碗はいくつもあるので、わたしの方が売りたいくらいです」と応じると、しばらく考えてから、「じゃあ一万円でどうですか」というのです。

ここだけの話として、これは方子妃が慈善事業に協力した方へお礼としてあげていた非買品でしたが、方子さま亡きあと有志が譲り受け、一個一〇万ウォン（約一万円）で販売することに決めたということでした。キム女史は、商売の才がありソウル市内にビルまで所有しているのに、根っからの商売人で、東京に持ち込んだ焼き物が売れなければ困るという程度の現金しか所持していませんから、それは必死でした。
後年、知人の茶道の先生が訪韓した折には、方子さまの茶碗に、品代は一万円、寄付が一万円として二万円支払ったと聞きました。

神谷さん

神谷さんはソウルに暮らす日本語教師です。ご自分の教室は持たずフリーで次から次と求められるままに、教え歩いていました。たまに江南《カンナム》の現代アパートの家庭レッスンがある日は、わが家に立ち寄って世間話をしたものです。

実に話の種が多彩な方で飽きません。三越デパートで背広を誂《あつら》えているという実兄は、東京にいるのですが、

「わたしは日本内地に行ったこともない、住んだこともない日本人なのよ」と言いました。

この地で生まれ、第一高女を卒業して教員になったそうで、わたしより語彙が豊かで文字も達筆です。

「韓国の若い人が材木にある〈ふし穴〉という韓国語の単語を知らないのよ」と憤慨するほどの語学力です。

韓国語は戦後、「学校に通う息子の教科書で勉強した」とのことでした。

また、手紙の代筆も頼まれれば気軽に引き受けていました。毎年一二月になると、社長さん宅で、五〇〇枚ほどの年賀状を三日かけて書くことになっていました。

共生園の母

「里子が、日本の里親宛に書いたハガキの翻訳をしませんか」という話が来ました。ある女子留学生が、学業が大変になってきて、このアルバイトをやめるので、後任にどうかと声をかけてくれたのです。


これは小さい息子がいてもできると判断して、引き受けることにしました。

すぐ面接が決まって、江東区にある総合職業訓練院を訪ねました。

尹《ユン》院長にご挨拶すると、ちらっとわたしを見るなり数枚のハガキを取り出して「これを訳してください」とだけ日本語で言って、忙しそうに部屋を出て行きました。

大きな部屋で、ひとりで鉛筆書きのハガキを読んで訳しはじめましたが、直訳に近いぎこちない日本文です。それに加えて児童のハングルよりわたしのひらがなの方が下手に見えるので、「これじゃだめだわ」と思いました。

翌日、その留学生から、理由は言わず採用できない旨を伝えてきました。

その後、院長の奥さんが日本人できれいな文字を書くということを知りましたので、それが理由だろうと納得した次第です。また院長のお母様が日本人の田内千鶴子という「韓国孤児の母」と呼ばれた知る人ぞ知る人物だということを知り、とても驚きました。

田内千鶴子は全羅南道《チョルラナムド》木浦《モッポ》市にある施設「木浦共生園」で、三〇〇〇人の孤児を養育したといわれています。日本統治下の韓国で、夫君の尹牧師が運営していたのですが、朝鮮戦争時に行方不明となり、妻が引き継ぐことになったようです。そこにはクリスチャンとしての強い使命感があったと思われます。

三八度線のマリア

「小学二年生の和雄君に、国語と算数を見てくれる家庭教師を探している。家庭教師の条件は日本のふつうの家庭でふつうに育った人であること。母親の永松さんは〈愛の人〉です。詳しくは直接会えばわかります」という話が、ソウル大の語学仲間の好子さんから舞い込みました。

さっそく、お住まいがある楽園《ナグォンドン》洞に向かいました。パゴダ公園をすぎて、ハリウッド劇場の脇の路地を右に進んでいくとすぐに、古い四階建のビル（自宅）がありました。

そのビルの戸口に活力のありそうな小柄な人が、タバコを手にして待ち受けていました。それが永松カズさんでした。カズさんは、正確にはわかりませんが、一二〇人ほどの韓国孤児を養育した日本婦人です。生涯独身でしたが、晩年に養子縁組した日韓のハーフ和雄君を、ソウル日本人学校に入学させました。

「望月理容院」という看板（望月は旧姓）がある建物の中に入ると、土間の左に台所があり右に五畳ほどのオンドル部屋がありました。部屋にあがると、使い込んだ足踏みミシン、テレビ、和雄君の勉強机がありました。

家族は大小の犬が二匹、体格がいい男子高校生、よく手伝う女子高生二名、そして和雄君、その下に三、四歳ぐらいのおとなしい女の子がいました。この子は戸口に置きざりにされていたのです。カズさんが朝起きて外に出たら、足元に乳児と書置きがあったとのことです。

「あなたの新聞記事を読みました。安心して預けます」と。

五〇歳になるカズさんは跡継ぎにした和雄君を自分の戸籍に入れて、これからふたりで暮らすつもりだったようです（他の子たちは高校を卒業したら家を出ます）。

それが名指しであったし責任も感じてその子を受け入れましたが、体力的にも大変なようでした。

上の階には日本人留学生の森脇さんが部屋を借りていました。また日韓両国の支援者なども出入りしていたようです。

その頃はミシンで軍手を縫製していて、たくさん出来上がるとリヤカーに積んで納品に行きます。

ある日のことです。予定された勉強時間に訪ねると、建物の前でカズさんはわたしを待っていました。そして「納品頼むわ」と言ったのです。意外な言葉に一瞬たじろぎました。

見ると軍手を山積みしたリヤカー、その横に白い大型犬がいて、後ろから押す和雄君まで待っているのです。準備万端でした。

カズさんには有無を言わせないものがあり、嫌だなという思いを振り捨てエイッとばかり引き受けました。

わたしが好きな伝統文化の町・仁寺洞《インサドン》の目抜き通りを、リヤカーを引いて進みました。後ろから押す和雄君、脇に大型犬です。

納品を無事に終えて、空になったリヤカーに和雄君を乗せると大喜びして笑い声を立てました。路地に入っていくとすでに入り口にカズさんが待っていました。

カズさんはしたたかです。いつももめ事があります。そういうときは韓国語でも日本語でも立て板に水の勢いで「女になんかわかるものか!」とまくしたてて「あっ、自分も女だ」と気が付きます。

近くにある入国管理事務所から、カズさんが怒りで気絶したと連絡があり、森脇さんが引き取りに行ったら、モンペと下駄で横になっていたと言いました。

外出にはいつもモンペです。帰ると手入れして下駄も新聞紙に包んできちんとタンスにしまいました。

その服装は、ソウルの町中で奇異でしたが、そういう信念は唐辛子のように激しかったのです。

それでいて、顔立ちが京人形のように整っているし、化粧をしたことのない肌はきれいでした。

「若い時に求婚されたことあるでしょう？」

「……植民地の男なんかとは絶対いやだった」ときっぱり。

「何歳に見える？」

「五〇歳ぐらいですか？」

「うそ！　みんなもっと年寄りに見るのよ」と言いました。

苦あればまた苦ありの日々、自殺未遂をしたこともありました。その入院先で「眼光がきつすぎる」という忠告を受けて、二重まぶたにしたとのことです。

盆も正月も無視したカズさんの暮らしでしたが、ふつうの家庭にこだわりました。身寄りのないカズさん自身と同じ境遇の子どもたちと、家庭を築きたかったのです。ですから支援者たちから、養護施設にするよう勧められても首を横に振りました。

また、時期が来ると、子どもたちは出て行きます。

「いったん家を出るとそれきり。ひとりも戻ってきた子はいない。挨拶に来た子もいない」とつぶやくので、

「寂しくないですか?」と訊ねると、

「それがいいんだよ。ここを思い出さない方がいいの」と、壁にかかっている大統領賞を受けた時の記念写真を見つめました。

朴大統領がカズさんに「日本のタバコを一本ください」と言ってなつかしそうに吸ったこと、陸英修《ユギョンス》大統領夫人がこの家に入ってきた時は、とてもきれいで鶴が舞い下りてきたようだったことも語ってくれました。その大統領賞を受賞してからは、世間も認めてくれ日本からも取材に来るようになったそうです。

幼い時に、日本から母子ふたりで満州に来たそうですが、母親が病死、文字通りの天涯孤独になりました。その後は韓国人夫婦に引き取られたのですが、働かされて学校に通うこともありませんでした。その養父母も目の前でソ連兵に撃たれて亡くなりました。

それから日本人夫婦が引き取り、よく世話をしてくれたとのことですが、そこまでしかカズさんは知りません。

朝鮮戦争時にはソウルにひとりでいました。その街の交差点で、前にいた若い女性が流れ弾に当たって倒れました。その胸の下には血を浴びた乳児が泣いていました。それを見て夢中で拾い上げて逃げたそうです。本能的に突き動かすものがあったのだと思います。抱いてきたものの、泣きやまぬ赤子に与えるお乳もなく、乳の出ない乳首を吸わせました。乳首は真っ赤に腫れてすごく痛かったと、少し恥ずかしそうに言いました。

これを契機にして未婚のお母ちゃん（オンマ）になりました。二〇代半ばでした。

そのうちにみなし児たちが、どこからともなく寄ってきて、同じ境遇同士の共同生活が始まり、イスひとつ置いての青空床屋さんを始めると、各方面から支援の手が差し出され、ついには「望月理容院」に発展したのです。

苦あれば楽ありといいますが、楽はありません。かえって「楽になるとだめになる。自分を追い込まないと。だから工賃の安い軍手縫製をする」とも言いました。

このように強力な負けず嫌いは、自分の運命に対する悲しみと怒りによって、支えられているのではないかと思いました。

わたしには、うかがい知ることもできませんが、「三八度線のマリア」と一時でも世間にいわれたことは、迷惑であり負担だったはずです。クリスチャンではありませんし、愛だけではありません。韓国でいう恨《ハン》を抱えた人でもあったのですから。

好子さんの話ですが、みんなで夕ご飯を食べはじめようとしたら、カズさんが急に怒りだしたことがあったそうです。

「お客の手みやげに目をやった。わたしはそんな卑しい子は嫌いだ」と、高校生のお姉さんが叱られて、日本語で反省文を書いて読み上げるように命じられました。どれだけ日本語ができるというのでしょうか。反省文の内容の書き直しを繰り返して、それは三時間に及びました。

その間、子どもたちはただじっと座っていたということです。その怒りは、愛情から出たというより、どうしようもない自身の宿命に対する恨みを晴らしているのだと思いました。

八三年、済州島《チェジュ》にいました。子どもと夕ご飯を食べていると、ニュースにカズさんの葬儀が映り驚きました。目をこらすと一瞬でしたが少し大きくなった和雄君の姿がありました。ああ、カズさんは旅立ったのです。享年五六でした。

和雄君はどうなるのか気になりました。家庭環境のせいか、おどおどした面がある繊細な子でした。わたしが接した中で一番生き生きしていたのは、近所の子らと遊んでいたときです。使用を禁止されていた韓国語の上手いこと！

おんな船頭さん

和雄君の勉強が終わると「今日、九州に一時里帰りする人が来る」というので、どんな人なのかしら、会ってみたいと、一緒にちゃぶ台でおしゃべりしながら待つことにしました。

村の渡し船のおんな船頭さんだということです。戦後、九州から帰国する韓国人の夫と共に渡ってきました。そして夫が亡くなったので、村の渡し船の船頭を引き継いでいたのですが、川べりの小屋で暮らす、その生活ぶりを見かねた村人が「かわいそうな日本人がいる」と噂することで、その存在がわかったのです。

終戦になって韓国に来たのですから、昔からいる残留婦人とは立場が違うわけですが、カズさんが手を差し伸べたので、公的な救済を得て里帰りが実現したとのことでした。

突然、戸口に人影がして、やせた背の高いおばあさんがにゅうっと現れ、立ちはだかりました。何も言いません。表情がない赤銅色の顔、肌と同じ茶色の足首まであるワンピースで立っている棒のようです。

「あがりな！」ときつい口調でカズさんが声をかけると、その人は無言でサンダルを脱いで素足で上がり、新聞紙の包みをちゃぶ台の上に押し出しました。

そのとたん、カズさんはあっという間もなく新聞紙の包みをわしづかみして、たたきのコンクリートに投げつけたのです。茶色の揚げ菓子は割れて散らばりました。わたしも食べたことがある屋台で売っているものです。

「ウチはこんなもの子どもに食べさせないよ！」。その剣幕に、わたしは固唾を呑んで、ただふたりの顔を交互に見ました。

気まずい沈黙が続いたあとに、カズさんが、

「いいかい、あちらではご飯に水をかけて食べちゃいけないよ」と諭しましたが、その船頭さんは微動だにせず、目を宙に浮かせているだけでした。

三〇余年ぶりの初めての里帰りですから、どれほど嬉しいことかと思うのですが、嬉しそうな感じはまったくありません。

やがて迎えに来た黒塗りの公用車に乗って空港に発ちましたが、最後まで韓国語でも日本語でもいいのに、一言の挨拶もなく、カズさんの顔を見ることもないので、何か腑に落ちませんでした。

ふつう日本婦人は少し腰をかがめて会釈するものですが、その人は始終棒立ちでした。

「腰が痛いのかしら。それとも日本人じゃないのかもしれない」

という考えが、失礼ながらふと頭によぎりました。

後日、日本広報館で森脇さんに会ったので、船頭さんのことを話すと、事情をよく知っていて、あの船頭さんは日本人に間違いないとのことでした。そして「本橋さんも将来そうなるかもよ。ウアハッハ」と笑い声をあげました。

数年後、『慶州ナザレ園——忘れられた日本人妻たち——』（上坂冬子著）が刊行されたので興味深く読みました。

起業家精神

赤石さんは、江南高速バスターミナル近くで日本語学院を経営していました。六〇年代に、大阪にある大学の同級生である韓国人留学生を追いかけて来て結ばれた情熱家です。日本から心配した兄弟が来韓して韓国家屋の間借り生活を目の当たりにして「こんな暮らしなのか」と泣いて帰ったということを、噂話で聞きました。

体も大きくて、押しが利く事業家タイプの赤石さんは、市内の太平路《テピョンノ》という中心地で、新しく洋裁学院を起こして成功を収めました。

この夫妻のラブストーリーは映画化されたと聞きましたが、わたしは実際見ていないし確認もしていません。

その後、大学教授だったご主人とは離婚したのですが、「女がだんなより収入があるのはよくないのよ」とわたしに言いました。

長女はＹＭＣＡの山城先生から日本語を学んで早稲田大学に留学しました。そして同級のタイ人留学生と大恋愛しタイに嫁ぎました。

タイで外国人のための幼稚園を経営する長女は、お母さんの老後を考えて部屋も準備したので、タイで一緒に暮らそうと招いたそうです。

赤石さんはタイに行ったものの婚家で自由にふるまう娘をみて、申し訳なくて落ち着かずソウルに戻ってきました。

「母親の生き方が娘に強く影響してしまった」とわたしに言ったのですが、噂では「娘は母親の上をいくやり手」ということでした。

藤江さん

日本人の集まりで親しくなった藤江さんは、わたしよりずっと年上の人生の大先輩といえる家庭婦人でした。

会食のあと、「うちに寄らない？」と誘ってくださったので、一歳の息子を抱いて行ったお宅は、漢南洞の坂上にある立派な建物で、驚きました。

静まりかえった大きな居間。ソファに座ると、壁一面に桝形《ますがた》に仕切った棚があって、そこに陶器がひとつずつ置かれていました。大きな家族写真も素敵です。やがて若いお手伝いさんが日本茶を運んできました。

「棚の作品はどなたのですか？」

「わたしのよ」というので、また驚きました。

淑《しと》やかな家庭婦人という印象が強い方が、これほど男性的で重厚なものを創るとは……。人は見かけによらぬものです。

「窯はどこにあるのかしら？」と問うと陶芸教室は盤浦洞《パンポドン》にあり、長いこと通っているとのことでした。わたしも娘時代にお皿を焼いたことがあるというと、「一緒にしない？」と誘ってくれましたが、

「今は見るだけです。育児が第一でそんな余裕もありません」と答えました。

そんな雑談をしていると、電話がかかってきて、藤江さんが出たのですが、また驚きました。すごい慶尚道《チョンサンドウ》のなまりです。現地の人のように、独特の抑揚で話します。

電話が終わってから訊いたところ、ご主人もお手伝いさんも慶尚道の人で、その中で自然に言葉を覚えたということでした。

長男、長女はアメリカにいて、次女も大学を中退して、最近アメリカ留学に行ったばか

りでした。ご主人は、年の半分以上は海外に滞在するとのことです。ソウルにいる時は、高官も招いてパーティーを開くと言いました。そのような生活でも藤江さんは寂しそうに、

「わたしがひとり、どうしてここにいるのだろうかと、考えてしまうわ」と小さな声でつぶやきました。

確かに、大きな家にお手伝いさんとふたりで過ごすのも、つまらないだろうなと思いました。

韓国に嫁いだ三人

七〇年代初めに、夫の同級生・李さんは、高校時代から続いた文通相手の日本人女性と結婚しました。挙式後に明洞を歩いていたら、新婦の和服に石を投げられたと言いました。

友子さんは、結婚してお母さんになることが望みでした。でも一〇〇回以上（！）もお見合いをしたのに、縁がなかったのです。

ところが親戚のおばさんの提案で韓国人とお見合いしたら、縁があったというか事がうまく運んで、ソウルに嫁いできたというのですが、こういうケースもあるのかとビックリ

でした。

一九七四年に嫁いできた谷川悦子さんは、深紅のロングコートに黒の帽子、黒のカバンを手にして金浦国際空港に下り立ちました。その時の第一印象は「ここはまだ戦後だ」でした。

彼女は高校で英語がトップクラスだったこともあり、富山県から上京して東京・丸の内にある英国銀行に就職しました。そこで数年勤務して退職。その後富山のホテルに勤務し、韓国から研修生として来日していたご主人と出会いました。

「当時は、韓国から日本に嫁に行くのではなく日本から嫁に来るのは変だと言われ、スパイと間違われたわよ。ハハハッ」

悦子さんは、カナダに住むことが前提で結婚したそうですが、ご主人が長男であったこともあり、結局カナダ移住の約束は消えてしまったそうです。

マダム美恵
七〇年代後半、南山の外国人アパートに住む表美恵さんは、ソウルに嫁いできたミセスたちを、機会を作っては自宅の食事に呼んでくれました。
時には、アメリカ映画「慕情」（主人公の恋人は、朝鮮戦争で命を落とします）のビデオなど一緒に観て過ごしたものです。美恵さんはまるで、民間外交官のようでした。ソウル駐在員の奥さんたちをはじめとして、困っている人には、さっと気を配り助けの手を出すタイプでした。初めてお宅に伺った時は、そのおもてなしぶりに「このような人がいるのか」とビックリしました。

アメリカ人の善意を感じさせるおおらかさ朗らかさに、いつも誰にでも親切でおいしい料理を出してくれて、サロンのマダムのようでした。こういう人は陰口をたたかれることはまずないだろうし、見習いたいなと思いました。

常にしゃれたドレスを着ているので、どこで購入するのかと訊くと、アメリカのデパートのカタログ販売で購入していると聞いて、さすがだなと思いました（当時、衣服の通信販売というシステムなど、わたしには想像すらできませんでした）。

美恵さん自身は日本国籍ですが、ご主人は韓国籍、息子さんと娘さんは米国生まれの米国籍です。お子さんは外国人学校に通っているので、家では英語が中心ですが、日本語、韓国語が通じる三言語家族です。

ある時これまでの経歴を話してもらいました。六〇年代に、東京・お茶の水にあるYWCAで英語を学び、友人とカナダ・トロントへ移住しました。そしてその地の銀行に勤務している時に、ご主人と出会うのです。英語で話していたので、最初はどこの国の人かもわからなかったそうです。

ご主人は大学三年生の時に、マーシャルプランの留学制度を利用して、他の韓国の学生たちと共に、デンマークとドイツで乳製品を学びました。

そしてトロントで、アメリカ系の乳製品会社に就職しました。

ご主人は、体も大きいのですが、度量が広い人なので結婚を考えたそうです。

美恵さんのお母さまは、中国上海の日本租界（日本人居住区）に育ち、英国租界で買い物などを楽しんでいた、非常に国際的な感覚が身についている方だそうですが、韓国青年と結婚したいと言うと、

「世界の中でも最も信用のない国の人とは結婚しないで」という返事をしたそうです。

それでも、美恵さんがあきらめずに言い続けると、バスの中で、「仕方ないわね」と認めてくれました。

結婚してご主人がアメリカ東部の名門校の学生になったのを機に、ワシントンＤＣに移って美恵さんはＩＭＦ（国際通貨基金）に採用されて秘書として働き、家計を支えました。

その時の上司は「韓国人と日本人が結婚している」ことに信じられないという表情をしたそうです。そこの図書館にはアジアに関する蔵書がたくさんあって、日本統治時代の図

書も読んでいたので、日韓はたいそう仲の悪い国だと思い込んでいたからです。

六〇年代末、国連に勤務する日本女性は少ない時代でしたが、妹さんも世界銀行に就職することができて、姉妹で古き良きアメリカを楽しんだといいます。

その頃ワシントンDCには、ベトナム戦争に従軍した韓国人労働者がたくさんいたのですが、彼らは英語ができないために、不便な生活を強いられていました。

それでご主人と美恵さんは、医療通訳をしたり車の整備工などの仕事の斡旋もして、たくさんのアジア人を助けました。当時は中国人も台湾人も韓国人も日本人も、国籍を超えて親しかったそうです。この奉仕活動によって、ご主人は韓国政府から「大統領賞」を授かりました。

やがて大学を卒業したご主人は、教授の推薦を得て、米国企業の韓国支社で働くことになり、七六年にワシントンDCからソウルに越してきました。

「ソウルに着いた時の気持ちはどうだった？」と問うと、地の果てに来たと思ったけれども、両親がいる東京が近くなり良かったとも思ったそうです。

ソウルに来ると、アメリカで自立して自由に生活してきた美恵さんに、長男の嫁としての立場が加わりました。

義母は大邱《テグ》の「万石」といわれた大富農の家に生まれて、お姫さまのように育った方で家事は得手ではありません。

息子一家が帰国して、南山にある外国人アパートで暮らしはじめた翌日から、義母はおめかしして、タクシーで朝七時に来宅するようになりました。そして一日中、居間の大きなソファに腰かけて朝昼晩の三食を召し上がってから、自宅がある盤浦アパートにタクシーで戻るのでした。

そんな日々が六年間も続きました。そしてある日突然、一言の相談もなくトラックとともに息子の家に越してきました。長男のご主人は何も言いませんでした。美恵さんも黙って受け入れました。義母は日本人の嫁が一番気に入ったのだと思います。

韓国人の嫁でも難しいことを日本人の嫁としては実によく気を働かせる美恵さんですが、その他人には見えない重圧は、お子さんたちと一緒にアメリカ、日本で夏休みを過ごすことで解消したそうです。

多言語話者

清水眞里子さんと初めて会ったのは、美恵さん宅の日本人妻の集まりですが、同じ横浜出身ということで親しくなりました。

ベルギー・ブリュッセルの大学でご主人と出会い、七九年にソウルに嫁いできました。ご主人とはフランス語で話すと聞いて「すごいなあ」と思いました。当時、眞里子さんはまだ韓国語学習中でしたが、商社勤務の父親の転勤で、子どもの頃はアメリカにいたので、英語もできました。

ベルギーに留学できたのも、父親のヨーロッパ勤務があったからと言えます。父親の海外転勤に伴う海外生活がよい面で影響し、また本人の能力と努力により、母語である日本語のほかに、英語、フランス語、韓国語を日常生活レベル以上に使いこなせる多言語話者となりました。

昨年、ソウル近郊に暮らす眞里子さんが横浜に来たので久しぶりに会ったのですが、日本語も相変わらずきれいで、子どもたちはアメリカで勉強中とのことでした。

第六章　祖母とその周辺

秋夕

旧暦八月一五日は、韓国では秋夕《チュソク》といって正月に並ぶ大きな祝日になります。七六年の秋、渡韓して初めて迎える秋夕は興味津々で、祖父母のいる家に急ぎました。代表的な食べ物は、新米の粉で作る松餅《ソンピョン》(昔は松葉を敷いて蒸した) という半月型のお餅です。

昔、夜なべして作っておいたソンピョンが、朝になったらネズミにかじられていた、ということもあったそうです。

お膳に上ったもので初めてのお菜は、チョンでした。これは法事とか、改まった席では必ず出るものだそうで、白身の魚、豆腐、ズッキーニ、エビ、肉団子に小麦粉をまぶし溶き卵につけて、薄く引いた油で焼きます。天ぷらのように大量の油の中で揚げるのではありませんから、パサパサ感はなくしっとりしていて、おいしくて、たくさん食べてしまいました。

午後になって、わざわざ遠回りして東大門のバスターミナルに行ってみました。郊外にある先祖の墓参りに向かう家族連れの様子を、この目で見たかったからです。

やはり話に聞いた通りに、秋の陽光を浴びながら、供え物を持った韓服姿の人たちが、バスに乗るための列を作っていました。

その夜、テレビでは、満月の下で、円陣になった韓服の女人が歌いながら踊っている、幻想的な場面が映し出されていました。

正月

新年の挨拶は、日本は「新年、あけましておめでとうございます」、韓国の挨拶は文字通り訳すと「新年、たくさんの福をいただいてください」となります。

この微妙な差が、面白いと思いました。

新年、お雑煮やお年玉はありますが、おせち料理に相当するものはありません。

またお雑煮といっても、米粉の餅は、細く棒状にしたものを薄く斜め切りにした小判型で、出汁も牛肉から取り、日本のものとはだいぶ見た目も味も違います。

この両国の雑煮の小さな違いが、民族文化の決定的な違いではないかと、考えることがあります。

ですが、日本国内でも地方色豊かな独特の具材がそれぞれあるのですから、この日韓の違いを、ことさら強調することでもないようです。

また、カンジョンというう す甘いお菓子は、主に白いのですが、そこに薄みどり、ピンク色のものもまざっていて色取りがきれいな、正月らしいものです。

その年の元旦は、食卓を囲んで兄弟が食糧難に備えてニワトリや牛を飼う土地を探すのはどうかとか、一〇年後にはソウルが南の方に移転するらしいとか、自動車のブームが来るぞと、整備工場を始めた人がいるとかと話していましたが、日本のひと昔前の話を聞いている気分でした。

スジョ（匙と箸）

韓国では匙と箸が対になって一組です。それは「スジョ」と呼び、卓上に縦に置きます。日本の箸は横に置きます。ささいな違いですが、日韓の文化の違いといえるようです。

当初、わたしはステンレスの箸（チョッカラ）だけで食事していたら（ご飯が摑みにくくとても食べにくい）、その食べ方では福が逃げると、お祖母さんに叱られました。

改めて周りを見ると、箸はおかずを摑む時だけ使用して、ほとんど匙（スッカラ）だけで食べていました。

韓国では、器類は基本的に手に持ちません。食卓に出るおかずは汁物が多く、器が大きめで重いこともあり、匙が必要です。ご飯も茶碗を置いたまま匙ですくって口に入れます。

この活躍する匙の形そのものを今さらのように見ると、洋食のスプーンとは違う、韓国独特の曲線で、食べやすくなっていると気が付きます。

京都に留学した韓国人が、下宿先で茶碗を持たずに、スプーンでご飯をすくって食べていたら（茶碗が小さめでカタカタ音を立て安定しないので、食べにくい）「幼児みたいだ」「食べ方が汚い」と注意されたと笑いながら話してくれました。

しょう油かけ

ほうれん草をゆでて、自家製のしょう油とかつお節を乗せて出したら、祖母はビックリした表情をして、

「しょう油だけかけるなんて、お金がない人、それも最低の人の食べ方だ」と大きな声を出しました。

「それにこれは何だ」と、かすかに動くかつお節を指しました。よほど変なモノに見えたようでした。

あえ物の味付けは、いつもニンニク、ネギ、唐辛子、生姜、こしょう、ごま油、しょう油、酢、塩ごまと同じなので、たまには和風にと思ったのですが、家庭で作る伝統的なしょう油は、味を調えるのには使いますが、日本のしょう油のように、生でそのままで使うことはないと、知りました。

日本茶

頂き物の高級茶を出すと、みな顔をしかめました。「にがい」というのです。

それではと薄くしても、一口しか飲みませんでした。飲み慣れないからですが、夫は来日して一年目ぐらいになるとお茶が好きになったといいます。

近所の主婦は「何回も飲めて安上がりだわ」と笑い、最後の一滴はおいしいのでお客様の茶碗に注ぐとか、茶柱について説明すると、おかしがりました。

みそ汁

お祖母さんは台所に来ても、手を濡らすことはなかったのですが、口はよく出しました。

わたしが、日本製のみそを使ってみそ汁を作っていて、煮立ちはじめてすぐに火を止めました。

それを見て「どうして火を消すのか」といいました。

韓国式みそ汁は、具にもよりますが、一五分間はぐつぐつ煮立てないと、うま味が出ないというのでした。

塩海苔

日本製の厚くて黒くてつやがある海苔は、あぶってしょう油を少しつけて食しますが、そういう食べ方は、ここでは通用しません。生でしょう油だけを使うことがないからです。

焼き海苔はすべて塩海苔で、家でつくりました。

薄く透けている海苔一枚いちまい、刷毛でごま油を塗って、塩をぱらぱら振って、ぱさっとするまでフライパンで一枚ずつ焼きます。それを食べやすい大きさにはさみで切って、五センチほど重ねて崩れないようにヨウジを刺しますが、たくさん作ってもみなが好きなので食べ切りました。

冷めたご飯

常にご飯を温かくして食べるお祖母さんに、暑い日に、うっかり冷えたまま出して叱られました。もちろん汁物も熱くします。

ある時、冷ご飯があったので、おむすびを作って出したところ、「野蛮人みたいだ」と苦笑いしました。

パカジ（ひさご）

食卓の上にパカジをひょいと置いたら「子どもが馬鹿になるから、食卓に置いてはいけない」と言われました。

ナツメの樹

韓国では、ナツメの樹も実もとても好まれています。小さな庭ですが、大きなナツメの樹がありました。夏に何百と実がなると、義母は嬉しそうに見上げていたものです。

その実が秋には赤褐色になりました。それだけの量があれば、当分の間、韓方的効用があるナツメ入りの赤飯や参鶏湯《サムゲタン》などに使えます。

水道水

ソウルの水道水は生で飲めないことを知りました。当初は面倒でしたが、麦茶をやかんに作り置きしていました。

水キムチの水は一度沸騰させたものを使いますし、冷凍庫で氷をつくる時も、水は一度沸騰させたものを入れました。

名前がない

一九〇八年生まれの祖母は生涯、自分の名前がありませんでした。戸籍の欄には姓の徐《ソ》氏とだけ記されていることを発見したわたしはビックリして夫に、

「お祖母さんの欄に名前が書かれていないわよ」と問うと、

「娘だから名前はいらなかったのでしょ」と平気な顔です。

「名前がなくて困らないの?」

「それでもいいんだよ」と関心もありません。

女性は生まれると、「かわい子ちゃん」や「どこそこの娘」など、娘という名前で通ったのです。

一六歳で嫁入りすると、「あそこの嫁」「誰々のかみさん」で間に合ったのです。子ども

が生まれれば、息子の名前に「お母さん」を付ければ十分でした。

それに学校には通っていませんから、名前がなくても不便ではなかったようです。学校教育を受けませんでしたが、頼まれれば産婆として活躍したそうです。また細長いキセルでタバコを吸っていたと夫から聞きました。

白磁の壺

ある時台所の隅にスジョ立てがありました。厚ぼったい高さ一五㎝ほどの古びた壺で、青い龍と雲が生き生きと描かれています。「これはもったいない」、いつか割れてしまうと思いました。それはお祖母さんが嫁入りした時に、はちみつや唐辛子みそを入れてきた壺だということでした。

義母も「昔はふたもあって、何個もあったのに、今はこれひとつ残った」と、関心なさそうに答えました。

わたしはさっそく、当時、流行りの明るい色のプラスチックの箸立てを購入してきて、この壺はわたしがもらうことにしました。

お祖母さんも義母も、もうこの世にいませんが、その白磁はそれ以来現在もわたしの部屋に鎮座しています。

自慢ではありませんが、婚ぎ先よりいただいた物は、これひとつです。

女の望み

わたしに向かってお祖母さんが、未練な気持ちがあるようにつぶやきました。その言葉を直訳すると、「まだ着るものも十分に着ていないし、食べるものも十分に食べていない」というようなことです。内心「この年齢になって、なんて欲ばりな」と、素直に受け入れられませんでした。しかし心からの願いだったのだと後日思いました。

それから年月が流れたある日、テレビの歴史番組を見ていたら、歴史学者が、「江戸時代の庶民の女の望みは、きれいな着物を着ておいしい物を食べることだった」と話していました。だとするとあのお祖母さんが特に欲ばりだったわけではなかったのです。

義母の忠告

義母が週に一度は漬けるキムチは外で買えないおいしさと評判でした。また道徳的で法律がいらない人といわれていました。

その義母が「女は門の外にやたら出るものでない」と、わたしの顔を見つめて言った時はビックリしました。

なぜわたしのような性格の嫁に言うのだろうか？　逆立ちしても義母のようになれませんし、なりたくもありません。

わたしから見れば、備えつけの家具のように家の中にだけいる女の暮らしが、驚きなのに。

わたしは無表情に聞き流しました。

白物を煮る

義母は毎日、大量の洗濯物をゴムタライに浸して、洗濯板に固形石鹸で、ゴシゴシ洗っていました。それで半日はつぶれます。腰は痛くなるし、水道の水の出は悪いし、本当に重労働です。それでもわたしが使う洗濯機を利用する気はありませんでした。きれいにならないと言うのです。

そして時には、アルミの洗面器をコンロにかけて、黄ばんだ木綿の白物下着を、真っ白にしました。固形の石鹸を塗ってから粉石鹸をぱらぱらまいて、ぐつぐつと煮立てるのです。

このやり方を義母に習って以来、四〇年経った今も漂白剤は使わずステンレスの専用ボールで煮ています。

アイロン

義母は、封建的因習に生きている女の顔でした。その義母が居間の窓際で外を眺めながら足踏みをしていました。それはまるで、幼い冬の日に見た、畑で麦を踏み固めている人を想い出させました。

カネのかんざしを挿し込んだ髪を見せて、後ろに両手を重ねています。いつも静かでよけいなことを言わない人ですから、そのまま声をかけずにいました。

しかしあまりに黙々と時間をかけるので「何をしているのですか？」と訊ねると「もういいかな」と微笑んで足踏みを止めました。

そして足元の一枚の布をはぐと、アイロンをかけたように畳まれたわたしたちのベッドのシーツなのでビックリしました。

これを仕上げるためにどんなに時間をかけたのかわかりませんが、これからはアイロンを使ってくださいというと、黙ってうなずきました。

おんぶする

義母は共働きする弟夫婦の幼子を、子守していました。その負ぶい方は、腰部に乗せておくるみで巻くというかくるというか、わたしには難しくてまねができませんでした。急ぎの用件がある時は、日本から持ってきた負ぶいヒモを使い息子を背中におんぶして、東京から来た知人が宿泊しているロッテホテルまで行きました。

知人は笑いましたが、母親になると強くなるものです。

鯉のぼり

八一年五月五日は龍の初節句でした。実家から届いた鯉のぼりは野外用のもので、大小二匹ありましたから、どうするか迷っていました。夫はわたしが好きなようにしていいと言うのですが、お祖母さんがなんと言うかわかりません。

しかしその日は、朝からさわやかな快晴なので、一日だけでも揚げようと思い、お祖母さんに気づかれないように、中二階にあるテラスで揚げました。

風もないところで、二匹の鯉のぼりは、だらりと下がっているだけでした。それでも目ざとい人がいるものです。「あれは何だ」「どれどれ」「何だろう。変なものだ」という声が聞こえてきました。それは道を挟んだ向かいにある小学校の教職員たちで、窓から顔を出し、指をさしているではありませんか。
「やっぱり、おかしいのね」と、学校の窓から顔が消えるのを待って、取り外しました。
夜のニュースで、日本の端午の節句の映像が流れ、空におよぐ鯉のぼり、武者人形、かしわ餅など、独特の風習だという説明がありました。このように日本文化を取り上げることは珍しいことであり、韓国社会に新しい風が吹いてきたと、嬉しくなりました。

ホントのはなし

町内の寝たきりのおばあさんは、枕元に一万ウォンの札束とダイヤの指輪を置いていて、自分の世話をよくしてくれる人には、一万ウォン札をあげていました。また「一番よくしてくれた人に、このダイヤの指輪をあげる」が口癖で、みなが競って看護したそうです。

その後、おばあさんは他界されました。お札は使い切っていたので問題ありませんでしたが、ダイヤの指輪をめぐってふたりの嫁が争ったので鑑定に出したところニセ物でした。

酒の膳

これは近所の若い奥さんからきいたのですが、彼女の父親が怒ると、その晩から母親は許しを得るための酒の膳を調えて、父親の部屋の前で座して待つそうです。

父親の怒りが解けて、酒の膳を部屋に入れるまで、部屋の前で五日間は待つと言いました。

離縁できる理由

夫婦ゲンカをした翌朝、「七《チル》去《コ》之《ジ》悪《アク》」を知っているかというセリフを残して、夫が出勤しました。

何だろうかと、記憶した発音をなぞって、すぐに辞書をめくりました。いく度かめくりなおして見つけました。

それは、夫が一方的に妻を離別できる七つの理由でした。

一、義父母のいうことに素直でない。

二、子のないこと。ただし良妻である。第二夫人に子がいる場合は当てはまらない。

三、浮気する。

四、ねたみ深い。

五、悪い病気がある。
六、おしゃべり。家のことに口を出す。
七、盗癖がある。婚家の財産を使う。
と、書かれていました。個人より家が最優先の儒教的な教えです。

こういう考えは、七〇年代の韓国では現実にあり、実際こういう事例が身近に二件ありました。若い嫁としては聞いて気分のいい話ではないし、同世代の奥さんとかは「離縁させた姑が悪い」と批判していました。

家長の意識構造

長男の夫は、部屋にお膳が運ばれて来ると、ひとりで食事をしたそうです。果物も他の兄弟に優先してまず運ばれたといい、小遣いは、母親がときどきポケットを調べて、少なくなっていると黙って入れてくれたそうです。それがあたりまえなのか、母親に「ありがとう」といちいち口に出しません。

またお祖父さんが自分だけにする漢字の勉強がいやで、逃げたといいます。

それほどの長男としての権利がある反面、義務・責任の負担の意識も完全に刷り込まれていました。

六歳下の妹が「女に学問は必要ない」と反対されながら江原道・原州の大学に進んだ時は、学費を送金していました。その妹が結婚する際には、銀行通帳を作って渡しました。それは親から指示されたことではありません。社会制度より家族間で助け合うことが優先されたのです。

親しき仲は礼儀なし

韓国ではお世話してもお世話になっても、親しい間柄では「ありがとう」という挨拶がありません。特に家族間で「ありがとう」の一言を聞いたことがありません。口に出さなくても、心の中でありがたく思っているのだから、それでいいといいます。お互いに、言葉に出したらよそよそしくて他人行儀になるので、お礼を言われた方が怒るともいいます。

「親しき仲にも礼儀あり」が身についている日本人がする家族間の「ありがとう」は水臭く感じるし、頭を下げながら腰をかがめたお辞儀は一度すれば済むのに、二度三度と繰り返すのは慇懃無礼に感じるようでした。またたいしたこともしていないのに、丁寧にお礼を言ってくれます。それが後日会うとまた「先日はありがとう」と挨拶するので、かえって口先だけに感じたり嫌味にすら受け取ってしまうのです。

日本には半返しするという美点（？）がありますが、ここでは、盆暮れの挨拶もお祝いもお見舞いも不祝儀もあげるだけで、もらっても律儀にお返しはしません。身内依存度が高い上に互助精神もありますから、言葉に出さなくても、必要に応じて身の丈に合うことをするのです。世間はこうしてうまい具合に回っていき、バランスも保たれているようです。口には出さなくても余裕がある方はそれなりに、なければないなりにです。

礼儀としての物のやりとりを重視する日本人ですが、韓国人は身体的礼儀作法を重視するのです。たとえば年長者とお酒を飲む時は顔を横にそらします。また握手する時や物の受け渡しをする時は、左手を右腕に必ず添えますし、言葉づかいも日本人以上に丁重。その半面、ののしる言葉は聞くに堪えないほど汚いですが。

両班《ヤンバン》考

昔のヤンバン（特権層）である閔氏は、わたしが結婚した時には貧乏なヤンバンになっていましたが気質だけ残っていました。

一、咳払いをする。部屋にいて、「ゴホン」と咳をした時に、「今、どうして咳が出たの？」と幾度か確認したのですが、「何言うの」という感じで、返事はありません。本人に自覚がないのか、はっきりした理由がないのかと考えた末に「ここにいる」

という存在を知らしめる空咳だと判断しました。

二、走らない。せっぱ詰まって急がせても、すり足のように上体を動かさずに速める程度でした。現在はふつうに走ります。

三、自転車に乗らない。運搬用の自転車は触ったこともない様子でした。「自転車乗ったことあるの？」「自転車乗れるの？」と幾度か訊ねたのですが、ばかばかしくて答える必要がないという感じでした。現在も返事はありません。

超スピード婚

夫の幼なじみのキムさんは、なぜかアメリカ軍人になり、同僚からは「ヘイ！　ミスター・キムチ！」と呼ばれているとのことです。

アメリカに移住するために真剣に結婚相手を探しているので、韓国語学堂で親しくなった在日コリアンのミス安を家に呼んで紹介したのですが、縁がありませんでした。とりあえずその年はアメリカに渡って、翌年またソウルに来ました。

そして何十回も見合いをしたので、もう冷静な判断ができなくなったというので、わたしたち夫婦も同席することになりました。

九月一〇日、見合いのはしごをする中で、指定された場末の喫茶店で四人で会いましたが、その女性がにこりともせず冷たい顔をして義理で座っている様子にがっかりしました。

ところがです。彼から、九月二七日に挙式すると連絡がありました。その後もお見合いを続け、ついに成立したのです。そのスピード婚に驚きながらも、望み通りに何とか間に合ってふたりでアメリカに発ちました。

夜ばなし

江原道《カンウォンド》の山奥に住む親戚がソウルに上京し泊まるのがとても待ちどおしかったと、夫が言いました。

子ども時代、親戚の人が来ると夜面白い話が聞けるので、眠いのをがまんして待ったそうです。

「どんな話なの?」

「昔話や動物のこと」

その江原道のおばさんが、お祖父さんのお葬式のために駆けつけました。わたしは初めて会ったわけですが、気さくで竹を割ったような性格なので、すぐに打ち解けました。

通夜は騒がしいというか、来られた男の人たちはみな花札をしていました。女たちは部屋に入って、横になりながらおしゃべりをしました。

その時の話は、「村に、六人の息子に恵まれた、周りから羨ましがられる夫婦がいました。ですから老後は安心していたのですが、いざ老いた親の世話が必要になると、それぞれにのっぴきならない事情があって、看てくれる息子がひとりとしていませんでした」。また「一度も日本人を見たことがない若い先生が、日本語を独学している」こと。

そして「村に電気が引かれた時は、共同購入したテレビの前でみなが待っていた」ことでした。

数年前まで電灯がなかったと聞いたとたん、『おじいさんのランプ』（新美南吉作）という昔の物語を想い起こしました。

三度目の出馬

八〇年代に入って、祖母、義母、弟一家という大家族の長男の嫁として大奮闘していた時期です。

個性を生かすどころか、単なる家事労働力、朝五時から夜の九時まで、休みもなく家事にいそしんでいました。

ある日、ずっと空き地だった隣で工事が始まり、「水を使わせてください」と勢いのある夫人が頼み込んできて、菓子折りを置いていきました。

いやとも言えず、その日の午後には水道を使いはじめて、数日間続きました。その量の多さにムッとしましたがお互いさまです。

ある日、市場に行った帰りに、夫人に出会いました。

ニューヨークの街から抜け出てきたような、ツイードのジャケットスーツにロングブーツ姿です。

「いいですねえ、そのように仕事ができて。羨ましいわ」などと立ち話を始めました。すると、

「やっぱり一等国民は違うわ」と、きっぱりと大声でいうのでした。初めて聞く言葉です。「一等国民とはどういうことかしら？　それでは二等国民もいるということかしら？」と胸の内で考えながら、問い直すのも煩わしくなるのでただ笑いました。

その後の日曜日の夜に、「失礼します！」と隣の夫人の声がして、何事かと外に出ようとしたら、すでに玄関にいて片足はもう板の間に上がっていました。

続いて、貫録のある男性とやせた青年が入ってきて、わたしが対応するすきも与えずに、夫に一冊の本と名刺を手渡して、今回で総選挙出馬も三度目なのでよろしくと夫と握手をしました。

突然の来訪に戸惑った夫が、何か言おうと口を開いた時にはすでに立候補者一行は、背中を見せて玄関に向かっていました。

名刺の肩書は表だけでは足りず裏にまでぎっしり並んでいました。本の表題は『より深く広くそして高く　平凡な夫婦の随筆集』とありました。隣人が政治にかかわる方とは知らなかったので驚きでした。

選挙期間中、朝夕は庭先に大きなかまどを置いて、おばあさん（立候補者の母親）が張り切ってご飯を炊いていて、何かと話し声が響いてきました。

町内の掲示板にはご主人のポスターが貼ってあるので、しみじみ眺めるのですが、なにしろわたしには選挙権がありませんから、協力もできません。せめて米でも差し入れたいのですが、家人の目があるのでままなりません。

選挙の日は休日になります。みな投票を朝のうちに済ませていましたが、夫は夕方になってもまったく行く気がない様子なので、棄権するのだろうと思っていました。

お祖母さんは気をもんでじりじりしていました。選挙権はお上からのお達しと考えているようで、棄権したらお巡りさんに捕まると信じていましたから大変です。

そこで、お祖母さんを安心させるためにも、ぜひ投票に行くよう強く言いましたら、投票時間が残り少なくなったのでしかたなく出かけました。

翌日です。隣は静かでした。三度目の正直でいい結果が出ると期待したのですが、三度目の落選でした。

どれほど落胆していることか、気の毒でなりません。昼ごろになって、おばあさんが玄関のドアをそっと開けて入ってきて、弱った声で「若いのがそろそろ起きてくるけれど、出すものがなくて……」と言います。

わたしはすぐに了解して、家人に気づかれぬように、五〇〇〇ウォン札を小さく畳んで、おばあさんの手のひらに入れました。

第七章　旅のスケッチ

晩夏の慶州

七六年八月末、新羅王朝の都・慶州《キョンジュ》を新婚旅行で訪ねました。

仏国寺の本殿である大雄殿の前に立っている重厚な対の石塔。その国宝の多宝塔、釈迦塔は新羅時代の七五一年に創建されたそうです（ちなみに奈良東大寺の大仏の開眼は七五二年です）。

その本殿の裏手に回ると、松林の間をリスが駆けずりまわり、道端には大きな木槿がありました。夫が韓国の国花だというので、それでは記念にと、その花々を背景に写真を撮りました。

足元には、幼い日に遊んだ鳳仙花や紅い鶏頭が、晩夏の日差しを浴びて鮮やかでした。

吐含山《トハムサン》の中腹にある石窟庵に向かう山道で、「日本統治時代に朝鮮半島からすぐれた人物が出ないように、日本人が山のてっぺんに鉄の杭を打ち込んだ」ことや「釈迦像の額にはめ込んであったダイヤが日本人によって持ち去られた」ことなどを、大人たちから聞いたと夫が話しました。

わたしが額にあったのはダイヤではなくてガラスとか水晶ではないか、と確認すると、「いや、ダイヤだと聞いた」とのことでした。

東洋で最も古いといわれる天文台。きれいに整備された古墳公園内で、天馬塚のきらびやかな金の冠や帯、勾玉など、王の権力を誇示する副葬品たち。それから新しくなったばかりの国立慶州博物館も、ひっそりしていました。外にあるエミレの鐘。それにまつわる哀しい言い伝えが滑らかでない日本文で書かれていました。

館内の売店で緑色のJ型の勾玉一個を、記念に購入しました。それは日本円に換算すると、四五〇〇円ぐらいになります。

青い大空の下、教練服の学生が長い列を作って行進している脇には、真っ赤な唐辛子を天日干しするむしろが長く並んでいました。まるで絵葉書のような田舎の風景で、幾度もカメラのシャッターを切りました。

それから慶州市内の食事処に寄りました。うす暗いひんやりした部屋で待っていると、次から次と一五種類のおかずと汁物が並びました。期待して一皿ごとに味見をしたのですが、どれ一つとして塩辛くないものがなくて、がっかりしました。

結局わたしはご飯と海苔だけで食べたのですが、「やっぱり食べ物は、ソウルが一番だよ」と言いながら夫はよく食べていました。

百済の都

七七年盛夏、忠清南道《チュンチョンナムド》にある百済の都・扶余《プヨ》に行きました。日本に百済という地名が現存するほど百済と深い関係があるというのでぜひ訪ねたい地でした。残っている史蹟らしいものはありませんが、まず扶蘇《プソ》山城跡に上りましたが、セミの声が響きわたるだけで、人の気配もありませんでした。

白馬江《ペンマガン》に下りる途中に落花岩がありました。百済王朝が白村江の戦いによって新羅・唐に敗れた時に、三〇〇〇人の女官たちが身投げをしたという絶壁です。色あでやかな韓服の官女たちが、花が散るように落ちたことから、その名がついたようです。

眼下にはS字形に曲がっている白馬江が、ゆったりと流れています。周辺の緑に映えるすがすがしい白砂。日に焼けた裸の男児たちの歓声がこだましていました。

定林寺跡にも寄りました。大きな寺院だったに違いありませんが、ぴたっと時間が止まったような空間に、ぽつんと五重の石塔がたたずむだけです。この貴重な百済の遺跡は、低い鉄柵で囲まれていますが説明する立札もありません。

「これじゃ、近所のいたずら坊主がよじ上ることもできるんじゃないかしら？　これでは壊れるのを待っているようなものだわ」と、文化財管理のずさんさを憤慨すると、夫は、「国にそんな余裕がないし、仕方ないよ」と答えました。

夕暮れになり、百済大橋のたもとの小舟に腰を下ろして、その昔、仏典を持った学僧がこの辺りから帆船に乗って、日本に渡ったのではないかと思い巡らしました。

桔梗の根

市外バスに乗って一時間、野遊びに来ました。ちりちりする日差しの下、頭に赤茶色のゴムタライを乗せた中年の農婦とすれ違います。黒のゴム靴をはいた男の子が、お札を一枚ひらひらさせて床屋にかけ込んだので、つられて店内を覗くと、「おばさん、かわいく刈ってください！」と、その子はイスによじ上りながらいう。太ったおばさんは大きくうなずきながら、振り向いてわたしを睨みました。

「すみません」と首を引き、また小道を上っていくと、おばさんがジャガイモをゆでながら売っているので、すぐに求めて皮をむいてほおばりました。おいしいです。すると、「モウオー」と、牛のあくびのような声が聞こえてきて……また静寂。

まぶしい太陽の光。入道雲。その空の下、青紫色の花が畑一面に咲いていました。

「ねえ、この村の人は桔梗《トラジ》の花が好きなの？　それにしては多すぎるわね。そうか秋の七草として花市場に出荷するのね」

夫はあきれたように語気鋭く、

「何だって！　花を眺める人がどこにいるの！　食べるの、根っこを」。あっ、そうそう、そうでした。

市場で山と積まれている、切り裂かれた白いごぼうのようなもの。根菜として和えたり炒めたり、そうビビンパプにも載っているし、口にしているのにすっかり忘れていました。

ここでは韓方薬にも入る貴重な食材です。

さらに山道を上っていくと、遠くのほうから歌声が風にのって流れてきます。きっと車座になっているに違いありません。韓国の人は野遊びではよく食べよく歌います。

現代の青磁

仁寺洞や中央博物館で焼物を見て歩くうちに、どこでもいいから窯元に行ってみたいと夫に頼んで日曜日に高速バスに乗りました。

焼物の里・利川《イチョン》のターミナルに着くと直ちに、夫を介してタクシーをつかまえ、「どこでもいいので、知っている窯元に行ってください」と開いている窓に大声で言うと、暑さにぐったりしている運転手は「わからないな」。

「ええっ、本当に知らないのですか。ここは焼物で有名じゃないですか」

「……」

「それじゃあね、煙突と薪が高く積まれた家を探してください。料金は倍払いますよ」

と、車に乗り込んでしまいました。

車内で、窓から入ってくる心地よい風に吹かれながら、アスファルトの道をしばらく走っていると、農道の先の方に煙突と薪の山があるので、

「あった、あった」と喜ぶと、「車から下りて」と言われました。あそこに見えているからいいじゃないかということです。

それで仕方なく炎天下、長いあぜ道を歩いて薪と煙突がある家の裏庭にたどりつきました。

静かでがらんとした土間に入ると、展示されているのは青磁の壺でした。鶴と雲の絵から柳海剛さんの作品のようですが、すべて生気がなく残骸のようです。

「おかしいなあ」とそっと触れると軽そうなので、ひょいともちあげると壺の底が抜けていました。

そうなのか。廃棄品が展示されていたのです。

後でわかったのですが、窯から出た気に入らない作品はすぐ壊し、よく出来上がった作品はすぐにソウルの店舗に運ばれると。ですから窯元に行っても展示・販売するものはないのです。

ほどなくわたしと同じ年頃の青年が現れて、現代青磁の人間文化財（人間国宝）・柳海剛の次男で工房長だと、朗らかに自己紹介しました。そして、「薩摩焼の沈壽官窯で研修して、九州から戻ってきたばかり」というのでした。わたしは叫びたいほど喜びました。

秀吉によって慶長の役後に、朝鮮から連れてこられた陶工たちが、創始して発展させた焼物。その陶工について描かれた小説『故郷忘じがたく候』（司馬遼太郎作）を読むつもりでしたから。

「沈壽官の窯では、まだ古い韓国語の用語を使っているのか」という質問から始まり、東京・銀座の民芸品店で購入した苗代川窯の湯のみのことまで、興奮して早口になってしまいました。

通訳する夫は、歓迎され、初めて訪ねて来た韓国人だと言われたそうです。韓国人が来ることはなかったのですが、ここ五年間で日本人の来訪者が増えたとのことです。

工房長の話では、海剛は中学生の時に、ソウルにある国立中央博物館で高麗青磁に出会い、魅了されました。そして高麗青磁の幻の釉薬の復元を追求し続けた努力の結果、釉《うわぐすり》を復活させたのです。

その釉の調合については、事務担当の兄と工房長の弟だけが受け継いだ「企業秘密です」と、明るく笑いました。

良質の陶土を求めて各地を転々とした末に、七〇歳過ぎてこの利川の地に落ち着いたというので「利川は土がいいからですね」と問うと、「特に利川の土がよかったわけではない、土は他から持ってくる」という返事でした。

海剛が窯を築くと、他の陶芸家も利川に集まってくるようになり、陶芸の村と呼ばれるようになったそうです。

海剛の作品を高く評価してくれる日本人がいるので暮らし向きもよくなり、大きな表門も新築できたとのことでした。

話が済んでから工房も案内していただきました。しんとした空気の中で、若い男女六、七人が黙々と作業をしていました。白い雲と鶴が描かれた肌色の素焼きは、そのままでも十分に美しいと思いました。

また帰り際に、工房長から「利川で薪をくべて焼いているのは海剛の窯だけ」という言葉が、ひょいと飛び出したので、「山積みされた薪と煙突がある家」を探したことは正解だったと、満たされた気持ちになりました。

突然の訪問にもかかわらず、丁寧に対応してくれたことに深く感謝して、帰途につきました。

遠い昔から、みそやしょう油を入れる甕や日常雑器を焼く生業は、貧乏を強いられる仕事でした。そんな中で、高麗時代にモンゴルの侵略によって、国力と共に衰えた貴族好みの青磁を再現することに、どんな意義があったのでしょうか。

海剛が長い歳月、たった独りで思索し実践していたとは考えにくく、陶磁器について論じ合う同好の士がいたのではないか。勝手な想像になりますが、青磁の海剛は一八九四年生まれです。李朝の白磁や木工品を愛好する浅川巧は一八九一年生まれです。民藝運動を始めた柳宗悦は一八八九年生まれで、同世代といえます。

海剛は、一九二四年に浅川巧や柳宗悦がソウルの景福宮内で開設した「朝鮮民族美術展」に行ったに違いありません。

たぶん、そこで浅川、柳と会って、高麗青磁のことも論じ合ったのではないでしょうか。だからこそヒスイ色を再現するという執念を、持続できたに違いありません。

思い起こせば二〇歳のころ、東京・駒場の「日本民藝館」の展示品を案内してくれた方が、浅川巧の娘さんである園絵さまでした。そのゆかしい佇まいにお父さまの遺徳が偲ばれました。

雪岳山《ソラク》

七七年秋、紅葉を楽しもうと、江原道のソラク山に行きました。ソウルから束草《ソクチョ》飛行場までプロペラ機で約一時間でした。

その日は街中の旅人宿という看板がある木賃宿《きちんやど》のような旅館に入りました。

そこは、すでに部屋いっぱいに布団が敷いてあって、山小屋の布団よりも臭く垢でごわごわしていました。もちろんシャワーもないので近くの銭湯に入ったら、登山客で超満員でした。

それに食堂も大混雑でした。やっとご飯が来たと思ったら、夫が器を持って立ち上がって厨房へ。どうしたのかと訊いたら、客の食べ残しご飯だったということでした。

翌朝はいい天気でした。

一七〇八ｍの山ですが、中国の山水画のような光景でとんがった岩が壁のように天に向かってそびえています。

みやげ店には紫水晶が大小さまざまあり、手のひら大の塊を日本円にして約一二〇〇円で購入しました。

山道をぞろぞろと、モミジの紅い葉に見とれながら人の後ろについて上り、渓流の水の音が聞こえ、人の声が響いてきて休憩所に着きました。

大きな樹木の下で心地よい風に当たりながら、夫が茶色の冷たいトトリムッ（どんぐりの実で作ったもの）とマッコリを注文して口に運びます。周りを見ると誰もが幸せな顔をしています。

この食べる活力と強い声は、どんなに厳しい状況であっても乗り越えていく楽天的な国民性を感じさせます。

下山すると天候が悪くなって雨が降ってきました。

急いで飛行場に着くと風雨のために欠航という張り紙がありました。プロペラ機ですから仕方ありませんが、明日は会社も学校もあります。

今日中に帰るために、ソウルに向かう相乗りタクシーを夫が必死につかまえて、助手席にふたりで座って計六人で出発し、ソウルまで休憩なしで六時間走行して無事帰宅しました。

温陽温泉

七八年の新年早々、忠清南道の温陽温泉《オンヤン》に行きました。韓国は火山がないので温泉はないと聞いていたのですが、温泉地はいくつかあるということでした。この温陽温泉は古くて新婚旅行先としては一番人気だったそうです。

しかし、温泉地といってもわたしが知っている箱根や熱海のような歓楽街もなく、ひっそりしているので、

「これが有名な温泉地なの？」と首をひねりました。何の変哲もない町です。

車道に沿って歩きながら、予約した観光ホテルの看板を見つけたのですが、ちょっとしやれた中層の建物なのでほっとしました。

しかしホテルの暖房は故障していて、室内でもオーバーを着る寒さです。部屋には小さな浴槽があるだけで、どこに温泉の源泉があるのだろうか？　まったくだまされた気分でした。それに他のお客の姿もありませんでした。

あまりにも期待はずれですが、苦情を言っても無駄に思えて、予約した夫にだけ文句を言いました。後日、観光雑誌をめくるとこの温泉ホテルが大きな広告を出していました。

板門店見学記

一九八一年、ＪＷＣ（日本女性クラブ）の板門店《パンムンジョム》見学ツアーに行きました。参加者は主に米国軍人や軍属と結婚している日本人妻（沖縄やハワイ出身者が多い）や駐在員の夫人たちで二〇名くらいでした。

めったにない機会なので、わたしも子守を夫に頼んで参加しました。遠足気分というか楽しみにするのもちょっと奇妙な感じでしたが。

ソウルを発ってしばらくすると、バスから見る景色は殺風景になっていきました。

そして途中から案内するアメリカ兵士がバスに乗りこんできました。その兵士は金髪で背が高く美丈夫です。

「ハンサムで胸がドキドキする」と声が上がりドッと笑いが起きました。他の兵士もなぜか美男子です。

その兵士が説明を始めるとＪＷＣの会長が通訳をします。内容はすべて板門店についての予備知識と注意事項でした。

カメラ撮影は厳禁。笑いもジェスチャーもいけない。無表情でいることなどを聞いているうちに、最前線にいるという緊張感で、全員が黙りこんでしまいました。

あの「帰らざる橋」、ニュースで見慣れているポプラ事件の並木、北の村も眺めました。

数年前に発見された、北朝鮮が掘ってきた第三地下トンネルも案内されたのですが、トンネルの入口で、寒気がする、と全員が内部には入りませんでした。

南北会議をする黒い兵舎の中にある長い机の上に伸びている一本の黒ずんだロープ。そのロープにおそるおそる指で触れてみましたが鋼のような感触でした。

引きあげる時に、望遠鏡でこちらを見ていた北の兵士が、帽子を上げて左右に振りましたが、もちろん全員が無視しました。

第八章　済州島暮らし

空気と水

八二年、新済州市《シンチェジュ》蓮洞《ヨンドン》に転勤になってよかったことは、空気が澄んでいることでした。それまで、ソウルの江南高速バスターミナルに接したアパートにいたせいか、二歳の龍が夜になると、苦しそうに咳をするようになっていました。引っ越して落ち着いたら、まず病院に行くつもりだったのですが、気が付いたら、咳をしなくなっていました。

これは毎日ながめる漢拏山《ハルラ》（一九五〇ｍ・韓国一の高さ）と海風のおかげです。

また水がいいことは、日本茶がおいしくなったことでわかりました。済州の水がいいことは、ほどなくミネラルウオーター「済州生水」が発売されたことで、証明されました。

また、ミカンやパイナップルの生産が盛んな土地柄で、よく食べたおかげで家族みな風邪をひかなくなりました。

大学の木

箏曲家・宮城道雄は『心の調べ』の中で、「初めての朝鮮の冬は、身にしみて寒かった。卵が凍って殻を割っても、お膳の上でころがったり……蜜柑なども噛むと音がした」と書いていますが、この時代に食べたミカンは日本の内地産だったに違いありません。

まだソウルに住んでいた七六年の初冬、済州島に出張した夫がミカンをおみやげに買ってきました。それは二キロほどで値段が四〇〇〇ウォン（約二五〇〇円）でした。当時としては大変な高級品でしたが、日本産のミカンに比べて皮は固いし、顔をしかめるほどの酸っぱさでした。

それが八二年には、すばらしく改良されていて、おいしさは日本のミカンと同じになっていました。

米が栽培できない溶岩地帯に、済州島出身の在日の方々や心ある日本人によって、ミカンの苗木が持ち込まれて、韓国唯一のミカン栽培地になったということです。

それに伴い、ミカン栽培で生活が豊かになり子女の大学教育も可能になったので、ミカンの木を「大学の木」と呼びます。

また生産量が多い西帰浦《ソギュポ》の女子は、ミカンをよく食べるので美人が多いと言われていました。

コグマ（サツマイモ）

その昔、島では陸地から運ばれてくるお米は貴重でしたから、サツマイモの種が九州から持ち込まれたのは大きな恵みでした。

ある日、わたしがおやつにサツマイモをふかしたら、手伝いのおばさん――生まれて初めて洋式トイレを見たという――が、とてもイヤがりました。子どもには栗を食べさせなきゃいけないというのです。どうしてかと訊くと、栗の方がおいしいと言い張りました。

わたしが、サツマイモは日本から済州島に入って全国に普及したのであり、コグマは日本語の「孝行イモ」の音が変化したものだと得意になって説明したのですが、耳に入れませんでした。

海女さん

暑い日、家の中でイライラすると、子どもを引き連れて海辺に出かけました。海岸沿いにある白い小さなホテル。そこの冷房完備の喫茶店で、コーヒーとソフトクリームを注文して体を冷やしました。

そして元気が出ると、炎天下の堤防に上がり、熱いコンクリートの上に座って、向こうの沖合を眺めました。

海面にプカプカ浮いている白いブイ。その近くで黒い物が出たり消えたりしています。それは海女さんの黒い帽子で、消えては浮かびを繰り返し、海産物を採る作業をしているのです。

聞くところによると、世界中で海女さんがいるのは日本と済州島だけであり、海中に潜っている時間は済州島の海女さんが長いということです。

わかめ汁

次男の玄の満一歳の誕生日で、お客さまを招きました。韓国では誕生日にわかめ汁を飲む慣習がありますので、その日もわかめ汁の用意をしました。この日来た手伝いのおばさんは、海女さんでしたが病気になって陸にあがったという、元気で声も大きい人です。

刺身は得意だというので、おまかせしました。そしてわたしがわかめ汁を作ろうとしたら、牛肉は使わない、刺身の残りのあらで作るものだというのです。

わたしは、いつも最初に習った手順通りに、牛肉とニンニクをごま油で炒めて作っていたので、これは珍しいとおまかせしました。

ところが、出来上がった鍋の中は、骨にからまったわかめばかりで、汁物というよりわかめのおかずのようでした。これは失敗だと慌てたのですが、おばさんは「これでいい」と強く言いました。

やはり地元のお客さまもわかっているようで、箸でつまんでわかめを食べていましたから、郷に入っては郷に従えです。

わかめの大群

ある日、子どもたちと海に出ました。砂浜を歩きながらあまりの透明さに感動していると、その澄んだ浅瀬の中に、ゆらゆらと揺らめくわかめの大群を発見しました。「これはすごい。いいみやげだ」と、大興奮してわかめを引き抜こうと幾度も頑張るのですが、ぬるぬるした茎は強く根を張っていて、なかなか抜けません。

それでも、ひとかかえ採りましたが、採ったもののビニール袋がないことに気が付きました。はて、どうするかと思案するうちに、海の中で生きているわかめを見るのは初めてであり、はたしてこれを採ってもいいものか、食用にしていいものかと考えましたが、地元の人の姿もなく問うこともできません。結局、放置されているにはわけがあるという考えに至って、採ったわかめを海に戻しました。

島民の心の奥

お客さまをお呼びした日は、東門市場まで、甘ダイや肉を買い出しにいったものです。

その日も大急ぎで市場内を歩いていると、ある店先で、「日本人だ！」と、わたしの頭から足まで見定めながら大柄なおかみさんが大声を上げました（一目で日本人はわかるそうです）。どうしてそのように叫んだのかはわかりませんが、わたしはかすかに目礼して、おかみさんの前を通り過ぎて、向かいの肉屋さんの前で並びました。

肉屋のおかみさんは、一列に並んでいるお客に向かって、次々に注文を聞いてさばいていきます。さて、わたしの番です。日本人とわかったのでしょうか？　首を横に伸ばしてわたしの後ろの人に「次どうぞ」と声をかけて注文を取りました。次は一番前、目の前に立っているわたしの番だと注文しようとすると、まったくわたしは眼中になしです。また後ろの人に「次どうぞ」と声をかけました。

まったくそっけなくて、言葉を挟む間も与えません。ですから文句も言えません。これではもう待っていてもムリ、時間の無駄です。留守番をしている子どもたちが気になり落ち着いていられませんし、気分も悪く、他の店で買う気も失せて、肉は買わずに帰りました。

それにしても昼間なのに男の人ばかり並んでいます。いくら主だった産業がなくて、男の仕事が少ないとはいえ腑に落ちませんでした。

こういういやな経験は初めてで、夫が帰宅したとたんに、大フンガイして話すと、夫も同じようなことを経験していました。ソウルから来た知人と食堂に入ったのですが、他のお客はいなくて店の人はいるのに、三、四回声をかけても注文を取りに来ないので、二〇分ほどであきらめて店を出たということでした。

その理由をホテルマンに訊ねると、こうでした。

昔の島民は素朴で情に厚く、外部からお客が来ると家に泊めたりして親切にしました。するとみなさん喜んで「今度はお礼に来ます」と挨拶して帰りましたが、実際に恩返しに来る人はいませんでした。その寂しさが心の奥に沈んでいて、外部の人間に冷たくなったとのことです。

売れ残り

その日は市が立つ日なので、近所の奥さんと子どもたちを連れて体育館前の広場に行きました。

雑多な買い物を済ませてから、子ども服が山積みされている軽トラックに立ち寄りました。気に入ったものがあれば買うつもりでしたが、ひっくり返して探しても買う気にならないものばかりです。すると横で話す声が耳に入りました。

「ソウルの売れ残りが大邱に流れて、その売れ残りが釜山にきて、そしてここが最後なのよ」

そういえばどれも新品とは思えないくたびれた感じがあるし、つまらない気持ちになりその場を離れました。

軍人大統領の破顔
市場の帰りです。新済州市の道路は、幅が広くて閑散としていて信号もありませんでした。

わたしたちが道路を横切ろうとすると、スピードを上げたぴかぴかの黒い車が右から走ってきたので、はっと立ち止まるとあの全斗煥《チョンドファン》大統領の顔が見えました。開けた窓から満面の笑みで手を振っています。こちらも思わず手を上げた時は走り去っていました。ほんの一瞬のことです。

「見た?」

「うん、見た」

沿道にはひとつの人影もありません。やはりこの主婦たちに手を振ってくれたのです。

「ビックリね。あの怖い大統領がこちらを見て手を振ったのよ」

その夜、会社から帰宅した夫に言うと、「見間違いじゃないの？」と感じ悪い反応でしたが、夜九時、来島した全大統領夫妻のニュースが流れたので、見間違いでないことが証明されました。

こどもの日

ＫＡＬホテルでこどもの日のイベントがありました。会費はひとり五〇〇〇ウォンと高めですが、島でこのような華やかな催しはなかったので、晴れやかな気持ちでホテルに入りました。

「ポパイ」という子ども向けＴＶ番組の人気タレントが舞台に登場すると大騒ぎで、マイクの声も何を言っているのか、聞きとれませんでした。そんなガヤガヤでもご馳走が運ばれてくるし、子どもたちは一生懸命に楽しんでいました。

ホテル側では、子どもたちにはいい物を見せて、いい物を食べてもらいたいということで、採算は考えなかったそうです。

島の怪物

移住して最初に訪ねた観光名所は、「耽羅木石苑《たんらもくせきえん》」です。石臼や丸い溶岩を高く積み上げた台形の石塔や、自然がつくりだした奇妙な形の古木や木の根っこが、野外に展示された不思議な空間です。それは大昔から存在していたような歳月の重みを感じさせました。

しかしこの木石苑はまだ発展中であり、それもひとりでつくり上げているというので、そんなことがあるものかと、本当に驚きました。

ここの主がどんな意図でつくり上げているのか想像もできませんが、夢中になって石や木の根っこを拾い集めているからこそ生まれた造形です。

わたしが時折通うグランド・ホテルのサウナで、従業員が「木石苑の奥さんも来ますよ。日本人です」と教えてくれました。わたしが日本人なので教えてくれたのだと思いますが、あの木石苑にあるオブジェをひとりでつくり上げた、ただならぬ怪物のような人と結婚した日本女性は、どんな人かしらと、とても興味がわきましたが、話はそれでおしまいです。

ここまで書いて、一四年、羽田空港からソウル経由で済州島を、三〇余年ぶりに訪ねました。

当時、旅行者専属の日本語ガイドとして大活躍していた李善子《イソンジャ》さんに、「耽羅木石苑」

の主を訪ねたいと連絡すると、翌朝、ホテルに来て「これから会いに行きましょう」と、済州石文化公園に車を走らせました。

あの「耽羅木石苑」の主・白雲哲《ペクウンチョル》さんは、すべてを寄贈した済州石文化公園の企画長の立場にいました。

公園入口のチケット売り場で面会を申し出てから、広大な敷地内に展示されている多数の石臼や甕を見ながら歩いていると、石塔のてっぺんにカササギが一羽いて、迎えてくれました。

どうにか事務所にたどりつき、お目にかかった白さんは、あの苔むした自然石の作品から老成した怪物のように想像していたのですが、実際はわたしと同世代の、現代アート作家の雰囲気をたたえた快活な方で驚きました。

帰り際に、「奥様は日本の方だそうですね」と伺うと、「いいえ、大阪生まれのコリアンです」とのことでした。三〇余年前にサウナで聞いた噂を確認した次第です。

済州島に来る日本人観光客が激減したので、ソンジャさんは、四年間勉強して中国語ガイドの資格を得ました。今は中国人相手に連日多忙とのことです。

地元の名士

外国人専用のお土産屋を経営している韓《ハン》社長が、わが家に来て夫と雑談していました。その中である人物が出てきました。耳に入る話によると、お金にもならないことに夢中の、天然記念物のような人らしいのです。

つい最近も接待で韓社長たちと一緒に踊ったそうで、その時の様子を愉快そうに、「踊る化石」「動く骨とう品」とか言いました。

どんな人だろう。その秦聖麒《ジンソンギ》氏に、ぜひぜひ会ってみたいものだと思いました。個人の力で設立した民俗博物館の館長。どこの援助もなく建てた人。捨てられた民具など拾い集め続ける学究肌の人。

『韓国の民話と伝説』（韓国文化図書）の済州島の部分に目を通していましたから、好奇心に引っ張られました。古代には「耽羅国」という美しい名を持つ独立国家だったという済州島。竜宮城の物語を勝手にイメージしていたのですが、そのような話に興味を持つ人はひとりとして周囲にいません。秦さんのような方なら話が通じるに違いないと、わくわくして、左右のミカン畑に挟まれた道路を、車で走り抜けました。

着いた先は、分校を利用したような小さな博物館。現れた館長さんは、背広を着たとても柔和で飄々《ひょうひょう》とした方でした。

入口に並んだ秦さんの書籍類が目に入り三冊ともすぐ購入したところ、秦さんは机の上で『南国の民謡』には「意義のある人生を」、『耽羅の神話』には「大きな志がかないますように」、『宝を守るこころ』には「ご恩に感謝しながら」と毛筆で署名してくださいました。

それから館内を見回すと、展示されているのは使い古した（廃棄してもいいような）民具類や漁民の道具類、まさに庶民の生活品を拾い集めたものばかりです。個人の力の限界を感じますし、それを見学に来る人がいるのだろうかと思いました。ざっと見て家に残してきた子どもが気になって、「必ずまた来よう」と心に決め、早々に引きあげました。

秦さんは著作の中に書いています。「願いは済州島の民俗を保存する博物館をつくることであり、わたしが抱いて信仰してきた郷土済州の民俗を通して、先祖の精神をそっくり子孫代々伝える接ぎ木の役割をしたいと努力してきました」（筆者訳）

海女として生計を立てている奥さんについての記述は「家内は従順の美徳を持って今日まで私を支えてくれました」（筆者訳）とありました。

以来、館長の著書を所有することで安心してしまい、読むことも先送りしたまま、今もって再訪を果たしていません。

と、ここまで書いて……一四年八月、ついに実行しました。

以前の古くなった分校博物館の並びに、二つ目のコンクリートの立派な博物館があって、その玄関先で韓服を着た秦さんがニコニコして迎えてくださいました。

その入口には、分厚い新著作が並んでいましたので、また三冊購入しました（これもいつ読むことになるか、わかりません）。ちょうどひと月前に、国立済州大学にすべてを寄贈したところで、館内はがらんとして、ホコリが積もっていました。

一四年七月、次のような記事が地元紙に掲載されました。

「**大韓民国最初の私設博物館、設立半世紀、歴史の中に。**

秦聖麒・済州民俗博物館長（七八）は、生涯をかけて集めた三万余点の所蔵品を、済州大学の博物館に寄贈した。一九六四年、二八歳の時に開館した秦館長は、高麗王朝末期に島に入った元祖から二〇代目、六〇〇余年続く家門の息子である」（筆者訳）

馬肉を食べない理由

李王朝四代目のハングルを創案した世宗《セジョン》大王が、在位（一四一八〜一四五〇年）期間中に馬の絶対数を確保するために、馬肉を禁止したということを雑誌で読みました。

これでソウルの酒場で、日韓の学生たちが「韓国人はケ（犬）を食べるね」「日本人はマル（馬）を食べるじゃないか」とやりあっているのを聞いて、食べないものが異なるのはなぜだろうかと感じた疑問が解けました。

日本側の場合は、江戸五代将軍、徳川綱吉が「生類憐《あわ》れみの令」を出すことにより、日本では、犬肉禁止になりました。TVの歴史番組に出ていた学者の解説によると、本来、牛は食べないのですが、肉類の中でも犬は上質でおいしいと好まれていました。ですから韓国も日本も禁止令が出るまでは、馬も犬も食べていたことになります。

ムーダン（巫女）

町内でキリスト教会の十字架を見ることは、まったくありませんでしたが、昔からの土着宗教のシャーマニズムがありました。

五日ごとに立つ市では、本物のムーダンを見ました。けばけばしい衣装の年配の方が、台の上に太鼓や鈴や扇、そして占い道具を並べて客待ちしていました。

近くの雑貨店のおじいさんが亡くなったあとに、祭祀のためにムーダンを呼んだ様子。そのあとのことです。ムーダンはいないのに、夜、布団の中で横になると、ムーダンのカネや太鼓や鈴の鳴り物の音が、かすかに地響きのように、床下から来るので眠れません。

その独特のリズムが耳について気持ちよくありませんが、夫はまったく感じないということでした。

くり木鉢

生粋の済州っ子であるソンジャさんが、くり鉢を運んできました。「家にあってもこれからも使うことがないので」と言いました。

それを見て一瞬かい葉桶かと思ったのですが、それにしては重厚で見事なので、何に使うのか問うと、決まりはなくてどう使っても自由だといいました。

鉢は太い切株からくり抜いたもので、直径七〇cm、周囲は二・二mありました。また材質は固くて重いので、榧《カヤ》の木ではないかといいました。カヤは一年に一・五cmほどしか成長しないといわれていて、島内に樹齢五〇〇年以上の老木のカヤ林があるそうです。

わたしは、業者に頼んで木鉢に高さ二〇cmほどの台を付けてもらったのですが、木鉢が固くて釘が入らず曲がってしまい、苦労したそうです。いつか丸いガラスを特注して居間の円卓にするつもりでした。

半閉櫃

社宅で親しくなった奥さんは、看護婦として五年間、西ドイツにいたせいか、とてもいいセンスがありました。

ある時、インテリアとしていいからと、ソウルに戻る時は半閉櫃《パンダジ》という箱型タンスを買っていくようにと勧めてくれました。済州産はソウルでは値段がぐっと高くなるらしいので、時間をつくっては見て歩きました。たしかに古風な黒い留具も魅かれるのですが、わが家に半閉櫃に相応しい空間がないことに気づきやめました。

白馬伝説

島の名所・龍頭岩《ヨンドゥアム》に家族と出かけました。海に流れた溶岩が龍の頭に似ていることから龍頭岩と名付けられていました。高さは一〇mほどで、寂しい場所でした。波の音と黒い岩があるだけで、他に見るべきものがないのかしらと見回すと、薄汚れた白い馬が一頭いました。このまま帰るのもつまらないので、幼い息子を馬に乗せてカメラでぱちりと撮りました。

すると、どこからかおじいさんが急に出てきて、有料だと手を出しました。よく見ると柵もあるし、この馬は観光用だったのです。

後日、済州の『古代民話と伝説』を読んだところ、その昔、海中に住む白馬が、夜になると海辺に上がって遊んでいたのですが、ある夜、龍に変身して天に昇ろうとしたところ、神の怒りによって岩になったとありました。

モンゴルとの関わり　一、赤色の土

八三年、「まだ知られていない場所を案内する」とガイドが連れて行ってくれたのは、草もまばらな荒地でした。

一二七三年、高麗軍の残党である三別抄軍が、攻め入るモンゴル（元）と最後に激戦した跡地だそうです。

そしてわたしが立つ足元の赤茶の土を指して、「この地面が赤いのは兵士が流した血で染まったからです」とガイドが言うので、ビックリしました。

「本当ですか？　信じられないなあ。流れた血がしみ込んだにしても、地表に何百年も残っているものかしら？」と声を張り上げると、微笑みながら「伝説です」と答えるのです。

抗戦した三別抄軍は全滅しました。勝利したモンゴル軍は、耽羅国（済州島）を直接支配した翌年には、日本を攻めました。これが一二七四年のモンゴル襲来（元寇）です。

モンゴルとの関わり　二、将軍の足跡

その激戦地の周りは、小高い森と低い土塁がありました。その土塁の横に、三別抄軍の金通精大将が、敗走する時につけたという足跡がありました。それは片足がコンクリート

で固めてあるのですが、近くにそれを説明する立札もありませんから、「誰が将軍の足跡だと証明できるの？」というと、「伝説です」とまた笑いました。

一四年八月にその跡地を再訪すると、「抗蒙殉義碑」という石碑があって史蹟として整備されていました。

あの赤い平らな地は一面に芝におおわれて緑色になっています。将軍の足跡は移動していました。車で五分もかからない移動先の川辺には「将軍の水」という案内板に「金将軍が土城から飛び下りてつけた岩の上の足跡。その足跡から清水が湧き出たという伝説がある」と記してありました。

しばし考えて、観光化のためにはそれもありうることと理解しましたが、確かめるためにはるばる飛行機に乗って来たわけですから、何か立ち去りがたくて膝を曲げて、岩の将軍の足跡の窪みからこんこんと湧き出る冷たい水に手を浸していました。

同行した旅行社の支店長だった姜《カン》さんは、

「この河川の流れが枯れても、ここから出る湧き水は、枯れることがないといわれているんですよ」と一言付けたしました。ともかくあの目に焼き付いていた赤い荒地も、コンクリートで型取られた将軍の片足もわたしだけの幻の記憶になってしまい、残念でたまりませんでした。

モンゴルとの関わり　三、石の巨人像

溶岩で造られたおじいさん像（トル・ハルバン）を最初に見た時は、イースター島にある不思議なモアイ像を連想して、これは何だろうと思いました。トルは石の意味、ハルバンはおじいさんの意味ですから、直訳すると「石のおじいさん」です。

頭に被っている丸い帽子は、伝統的な韓国の笠や冠とは異なりますし、大きい丸い目と鼻も韓国人的とは思いませんでした。

そのことを地元の旅行社の人に問うと、昔、モンゴル人が占領していた時代に、モンゴル人が自分たちに加勢する人間が多いと見せかけるために、巨人像をあちこちに配置して、外敵（日本や高麗）の侵入を防いだとのことでした。

ですから石のおじいさんは、現在は島民のための守護神として広く知られていますが、元来はモンゴル人を守るための石像だったということになります。

モンゴルとの関わり　四、ススキ伝説

夏がすぎてドライブコースを走ると、ハルラ山のふもとは右も左も、銀色の穂が波うつススキ野原で、初秋のすばらしさを味わいます。夕陽に照らされ銀色に輝くススキの群はロマンチックで、新婚旅行のカップルが、背丈より高いススキを背景に写真を撮っていました。

しかし、それには哀しい歴史があるのです。このススキは自生したものではなくて、高麗王朝三一代の王が、ススキの種をまいたといわれています。それはモンゴル朝が滅亡したあとも、まだ島に土着して牧畜しているモンゴル人の勢力が拡大することを防ぐためだったと、記されていました。

勝手な想像ですが、ススキが群生することにより牧草地が減っていくこと、またススキの葉が刀のように鋭いことが、モンゴル人の反乱を防ぐのに役立ったのかもしれません。

第九章　釜山暮らし

地元になじむ

八五年の秋に、国内二番目に大きな都市・釜山の東莱《トンネ》区に転勤となりました。住まいは坂の中腹にある高層アパートの七階です。そこのテラスに立つと青い大空と緑の山、広がる町並みが一望できました。そしてテラスの隅には、なぜか鳩がよく飛んできました。

テラスから、朝は上る太陽を眺め、昼は大空に動く雲を眺め、夜は月の光を浴びました。アパートの裏手の山道には、アカシヤの大木がありました。

ソウルでは、日本人の仲間がいて、日本語のおしゃべりがストレス発散になったのですが、ここでは午前中は、ＮＨＫのラジオ放送を聴いて心をいやしました。特に「教育相談」は楽しみで、よく耳を傾けていました。育児で悩むこともたくさんあったので、とても役に立ちました。

夫は留守が多くて母子家庭のような日々ですから、寂しくて日本語が恋しくなると、日本領事館の図書コーナーで日本の文字に接しました。またコーナーで朝日新聞の投稿欄を見て、知り合いの方の名前を見つける楽しみもありました。

その方はわたしの結婚の際には、「遠くに嫁に行くなあ。寂しくなる」といって、主幹しているみどりの新聞「土と愛」を郵送してくれていました。それで朝日新聞で投稿文を読んだと知らせると、とても喜んでくれたのです。それでも活字に飢えると、母に頼んで「クロワッサン」「ａｎａｎ」を送ってもらったものです。

ある時、子どもとのやりとりを聞いた社宅の奥さんが、

「お母さんの話をちゃんと子どもはわかるのかしら?」と言ったことがあります。わたしの発音が良くないからでしょう。韓国に来て九年になっても出ない音は出ません。ソウルに来て三、四年の頃は「えらい。韓国語が書ける。話の中にひとつも文法的間違いがない」と、御世辞でも言われたものですが…。

顔見知りになったおばあさんが言います。「昔、ここにいた日本人はタクアン漬けばかり食べていたけどね、お宅、キムチ作れるの?」

韓国語では「タンムジ（日本式の甘い大根の漬けもの）」という単語があるのですが、ここでは「タクアン」という単語がそのまま残っていて、日本統治時代にタクアンが入っ

てきたようで、日本人というとつつましい食事とタクアンをイメージするようです。「ええ、ちょうど昨日はカッテギ（大根のキムチ）を漬けましたよ」と返事をするとすかさず「おいしくなさそうだねえ」と遠慮ない言葉が返ってきたので、つい吹き出してしまいました。

本当にそう思うのでしょう。それでいいのです。地域の住民と本音で話せるだけで楽しいのです。

アメリカ大統領に信書

町内にあるたんぽぽ幼稚園に、息子の龍と玄を入れました。扉がない門を入ると、凸凹のさら地に雑草も自然のまま、建物も戦後の面影がただよっていて、いい感じです。園長さんは、いつもにこやかに対応してくださる老婦人で、入園式に父母を前にして、幼稚園の園章はたんぽぽを地球に見立て、戦争のない世界をイメージして園長自身が図案化したものであると説明しました。それは、園長の志の高さを感じさせ、この幼稚園を選んでよかったと思いました。

用件があって、幼稚園の敷地内にある園長宅を訪ねました。お話ししているうちに、わたしが横浜から嫁いできたことを知り、

「あなたは本当にいい結婚をしましたね。国際結婚は世界の平和のためにいいことです」と言うので、ビックリしました。

このような言葉を聞くのは、初めてでした。

今まで日韓の結婚を「いい結婚」なんて言われたことがありませんでしたから、ありがたく受けました。

そしてなつかしそうに

「若い頃に横浜の教会で、宣教師から英語を学んで洗礼も受けましたよ」と言うのでまたビックリしました。

また、「毎年クリスマスには、アメリカの大統領に平和を訴えるメッセージを送っているんですよ。以前は送ってもなしのつぶてでしたが、ここ数年は返事が来るようになりました」とアメリカからきた立派なレターを見せてくれました。

「英語で書くんですか?」

「そうですよ。ここには大統領のサインがありますよ」と。

すかさず「アメリカの大統領にメッセージを送ろうとどうして思いついたのですか?」と訊ねると、

「聖書からですよ」と答えながら、A4サイズほどの大型聖書に目をやりました。

終戦で日本から引き揚げてきて、釜山・東莱区の片すみで旅装を解いたという老婦人が、「戦争のない世界を」と年に一度、米国大統領に訴え続けていることに、頭が下がりました。

ご主人は他界したのですが、詩集を出している詩人だと誇るように言いました。

名物料理パジョン

釜山支店の安《アン》部長宅で、お母さまの古希のお祝いがあるということで招待されました。お宅に行ってお母さまにご挨拶をすると、昔、暮らした和歌山のことや掘りごたつのことを、なつかしがりました。

他の招待客もたくさんいて、にぎやかに宴が始まり、おいしそうな料理が運ばれてきたのですが、そのお皿の盛り付けに見入ってしまいました。素朴な家庭料理という期待を超えていて、料亭のレベルなのです。その場では何も言わないのですが、全員が内心感嘆していたに違いありません。

後日夫人に会った時に、どこで料理を覚えましたかと質問したところ、調理師学校に通ったとのことでした。

動機はアン部長が病気になり、もしもの場合のことを考えて、調理師の免許を取ったとのことです。

幸いに部長は健康を回復して、職場復帰を果たしました。

そんな経緯を淡々と話すアン夫人に、何かひとつ教えてもらいたいと申し出たら、パジョンはどうかといいました。それは、ここ東莱の名物だということなので、ぜひにとお願いしました。

パジョンは小麦粉に新鮮なカキ、イカ、ホタテなど魚介類や牛肉、細ネギをたくさん重ねながら焼いていく、日本でいえば豪華なお好み焼きといえます。夫の酒のサカナにもぴったりです。台所に立つアン夫人のさりげない手並みのよさに、ボリュームたっぷりのそのうまさに、興奮しました。

料理講習会

料理に目覚めて、少しでもアン夫人のようになりたいと、子どもたちが幼稚園や学校に行っている間を利用して、新聞広告の出ていた無料の料理講習会に通うことにしました。

宣伝文には、一〇日間で五〇品目を教えるとあるので惹かれました。

会場には主婦たち三、四〇人ほどが集まっていました。

「なぜ無料なのか」と不思議に思っていたらすぐにわかりました。台所用品の販売でした。高級鍋類から小物まで講師が巧みに使いながら宣伝するので、とても便利でいいものに見えて予定していなかった物まで買ってしまうのです。

料理は韓国風から日本風、中華風、西洋風、何でもありで、一日も休まず通い、確かに五〇品目がノートに記録されました。

主婦のストレス

社稷《サジク》運動場のテニスクラブの午前クラスに通いはじめて、また新しい知り合いができました。元気な主婦たちはみなさんしっかりしていて、それなりの考えや意見を持っているので、レッスン帰りにお茶をすると話が盛り上がりました。

ある奥さんの話です。

体重が増えてきたので、朝起きたらすぐに裏山の薬水（湧き水）をくむことにしました。ご主人は早朝に起きるのは苦手なので一緒には行きません。

その日もいつものように、薬水を持って帰宅すると、

「セーターが裏返しだ」とご主人が指摘し、急に機嫌が悪くなりました。家族を起こさないように、灯りもつけずに手探りでセーターを着たので、裏返しに気が付かなかっただけですが、ご主人は外で何かあったのではと疑ったのでした。

釜山は港町ですから船員家庭が多く、港の開けた気分もあるせいか、浮気が多い地だと噂は聞いてはいましたが、真偽のほどはわかりません。

そこで奥さんは、早朝の水くみを兼ねたウオーキングはやめて、午前のテニスに切りかえたわけです。

出かける先は銀行と市場だけ、男の話し相手といえばアパートの管理人か学校の先生だけの子育て中の母親たちでした。

旦那はそういう現実を知らずに、奥さんを疑うのですからますますストレスがたまります。

ある日、たまたま他のテニスクラブで練習することになり、みなでラケットを持ってタクシーに乗りました。すると運転手さんが「おばさんたちはこうやってテニスして歩くのかい」と、あきれたように問いかけてきたので、「そうですよ」と答えてから「ああいけない、有閑マダムに思われたな。実はそうじゃないのに……」と、またストレスです。

孔子の高弟

閔社長は、釜山タワーが立つ龍頭山《ヨンドゥサン》公園内で、外国人専用の観光土産品ショッピングセンターを経営していました。

その社長のお誘いで、わたしたち夫婦は戦前のたたずまいが残る赤ちょうちんが下がっている古い日本家屋の食堂で、昼食をしました。夫とは同じ本貫（祖先の出身地）の姓である閔氏なので、渋い背広を着た歴史の先生然とした社長に親しみを感じました。

お話では、朝鮮戦争の時は、米軍のレンジャー部隊に所属し、たまたま雨天のために飛行機が飛び立てずに休戦となり、特殊部隊の生き残りになったとのこと。第二次大戦の終戦時のこととして、日本人の家が略奪される中、尊敬されていた日本婦人の家は、避けられたということです。

後日、まだまだ社長から話が聞きたくて、わたしはひとりで龍頭山公園にあるショッピングセンターに伺いました。

ちょうど、店にいらした社長夫人は、一度も訪日したことがないのに、日本語のベテラン通訳ガイドとして活躍していました。

社長室の「文藝春秋」と骨とう品が並んでいる壁面棚を背にして、閔社長は真面目な顔で、

「閔氏はね、中国に孔子がいたでしょう。その孔子の高弟一〇人のうちのひとりである閔《ビン》子騫《シケン》の家系です。今でも中国では閔氏は特別ですよ」と言いました。

「ええっ！　そうなんですか！」あまりにも畏れ多くて気が遠くなりました。孔子は紀元

前の人で、儒教の始祖です。

その教えは今も東アジアに広がり息づいています。その高弟の血筋に夫も息子もなるのでしょうか？　壮大すぎて「ハハハッ」と笑うしかありませんでした。自分が紀元前の人物の子孫だと真面目に考える日本人に会ったことはありませんが、閔社長の話が冗談とも思えません。

夕刻になり立ち上がると、社長は後ろの棚から茶道用の白い平茶碗をひとつ手に取って、新聞紙に包んで「持っていきなさい」と無造作に差し出しました。

山清窯と唐津焼

秋の休日、閔社長の弟さんである陶芸家・閔泳麒《ミンヨンギ》氏の山清窯を訪ねました。閔社長夫人とわたしたち夫婦と三人で出発しました。車中では社長夫人がいろいろと興味深い話を日本語でしてくれました。

陶芸を始めた閔泳麒さんが、佐賀県の唐津焼の門下生になったのは、兄である閔社長の強い勧めがあったからです。

その門下生時代は、釜山からポリバケツいっぱいのキムチを送付したといいます。おいしいと喜ばれたというので「慶尚南道地方の人が作るキムチは、わたしには塩辛くて、水ですいで食べるのですが、唐津の人は激辛も大丈夫なようですね」などとおしゃべりしていると、山清窯に着きました。

主である背の高い泳麒さんと奥さんと、見るからに健康そうな男の子が迎えてくれました。

広い庭、見上げれば高い空。すっかりのどかな気分になりました。大皿に盛られたゆで栗、ワイン。あまりにおいしそうなので、アルコールが飲めないにもかかわらず、ぐいと飲んでしまいました。

後悔しましたが、どうしようもありません。ふらふらして横になってしまいました。そしてわたしの酔いが冷めてから、窯場を拝見し陶器類の中から気に入ったものを選びました。

山清窯の焼き物は、青磁でも白磁でもなく、唐津焼に似て、土そのものの色を生かした渋いものです。

韓国文化院の専門委員だった大國未津子女史は、コスモポリタンを地でいく方でした。その大國女史の著書『韓日の文化交流』(サイマル出版会)の中に、「『その昔、李朝の陶工が日本にその技術を教えてくれたために、今日の日本陶芸界の発展があったのですから』と唐津焼の十三代目の中里太郎右衛門が韓国の陶芸家、閔泳麒の一門に教えていることとをたいへん誇りにしていた」という一節が記されていて、閔泳麒さんが唐津で修業した交流の意義を改めて理解しました。

バスに揺られて

市場の帰り、バスに揺られて車内の釜山放送をなにげなく聴いていました。ボリューム
いっぱいに上げているので、耳に入ってくるのです。
ある母親からのハガキが読み上げられます。
「小学校二年の息子にGパンを買ってあげて、かっこいい、素敵だね」と幾度もほめて学
校に送り出しました。
午後、学校から帰るなり、「誰ひとり、ぼくの新しいGパンを見てもほめなかったんだ
よ。変だねえ」と。
それで「お母ちゃんがほめたらそれでいいじゃないか。それが一番だよ」と答えたとい
う内容でした。

書道学院

文字の下手さも個性のうちなんて開き直れないほどに字が下手なので、書道学院に通い

はじめました。

あたりまえですが、母国語の文字が下手だとやはりハングルも下手なのです。だから上達する可能性があるとも思えませんでしたが、昼の部の主婦の仲間に入ることができました。

そんな和気あいあいの中、仲間に入らず挨拶もせず、そっと教室に入ってくる四〇代半ばの女の人がいました。いつも端にあるイスに腰かけ、先生と小声でひそひそ話していつのまにか、いなくなります。道で会っても、サングラスをかけて無表情なので、挨拶もできません。

独身である書道の先生をわが家の夕飯にお呼びした折に、いつも隅に座って書いている女の人のことを思い切って訊ねると、

「読み書きを習いに来ているのですよ。文字は六か月ほどかけて覚えました」という返事でした。

そういうことだったのか、外からは気がつきませんでしたが、胸の内は文字を知った喜びに満ちていたわけです。

釜山芙蓉会

日本語が話したいとソウルの友人に電話したら、釜山の日本人妻の会・芙蓉会に出るようにと日時を知らせてきました。

ソウルの芙蓉会に一度だけ参加したことがありましたが、みなさん母親世代というか年長者ばかりで、話が退屈なので一度で足が遠のきました。

ですから、釜山でも会の雰囲気は同じではないか、どうしようかとさんざん迷いましたがそれでも行ってみることにし、東莱区内の食堂を運営している芙蓉会会長のお宅を訪ねました。

部屋に入ると、十二、十三人のみなさんが座布団の上につつましく正座して静かに談笑していました。まもなく誕生日の人がいるからと、赤飯とタクアンと日本茶が出ました。そのあと、会長さんが『高島暦』を取り出して、次回の遊びに行く日にちを決めているので、やはり日本にいる母と共通していて、おかしかったです。

第十章　日本語を教えながら

ＹＭＣＡにて

七八年一月、語学学習を修了したわたしに時間ができたことを知り「ＹＭＣＡの教室で日本語を教えたらどうですか？」と、山城先生が誘ってくれました。

そのころは、観光関連の仕事に就くためには、日本語の習得は有利でしたから、日本語学院は盛況でした（最近は日本語学習者が激減して中国語学習が盛んなようです）。

当時は日本人であるというだけで、日本語教師としての立派な資格になる時代でしたが、それだけでできるものでもありません。

山城先生は人気があり、収入は大企業の部長クラス並みだという噂でしたが、確かに、いつも習いたい人が空きを待っている状況でした。

考えもしなかったご提案なので、迷って返事をしかねていると、

「鉛筆一本あればいいのよ。それに家庭との両立もできるし、子どもが生まれてもできる

し教育上もいいですよ」と重ねて勧めてくれたので、ついその気になって引き受けると答えました。

すると数日後には、うら若いミス張《チャン》を紹介してくださいました（そのころは未婚の女性にはミスを付ける風潮がありました）。ミス・チャンはまったくの初心者で、〈あいうえお〉から教えることになりました。

初めての日本語レッスンは、本当に冷や汗が出てきました。それで、これではいけないと、準備にはレッスン以上の時間をかけました。教え方は韓国語を習得した方法を思い出し、文法は山城先生に教えを請いました。

マラソン王

ミス・チャンの会社は金浦国際空港内の免税店を運営していて、西橋洞《ソギョドン》にありました。その免税店で働らく新人販売員の日本語レッスンの仕上げを依頼されました。

その最終日に、会社の会長であるマラソンで知られている孫基禎《ソンキジョン》さんにお目にかかるという幸運がありました。孫さんは日本統治時代の一九三六年（昭和一一年）ベルリン五輪大会に日本人選手として出場し、アジアで初めて金メダルを獲得した方です。

小さな黒縁メガネ、黒の背広の精悍な紳士で、大きな机から立ち上がって、握手をしていただきました。孫さんのことは、引き揚げ作家といわれた斎藤尚子著『消えた国旗』を読んでいて、その辺りの状況はわかっていましたので、忘れられない思い出になりました。

後年、知ったことですが、日本統治時代に、無教会主義の内村鑑三を崇拝する韓国人キリスト教徒・金教臣《キムキョシン》という教師が、京城養正中学に在職していました。その金教臣の研究家・森山浩二氏が翻訳中の金教臣の日記の原稿を読む機会があったのですが、その中に在学中の孫基禎（同級生より年齢が高い）の名を発見して驚きました。

その日記には、

「学校を出たら豆腐屋をしようかと考えている」と就職相談に来たので、「そうしたら毎日買いに行くよ」と答えたものの、マラソン王といわれているのに、困っているようだ、とありました。

このことから、当時若い女性の憧れのまとだったといわれた孫さんの経済状況は厳しかったことがわかりました。

日本武将の末裔

乙支路《ウルチロ》の朝興銀行内で三名の職員に日本語のレッスンをしたのですが、その中のひとり、金課長は沙也可《サヤカ》の末裔《まつえい》でした。沙也可は日本の武将で、豊臣秀吉によって朝鮮に送られてきたのに朝鮮軍に降伏して、日本軍と戦いました。その後帰化して韓国名・金忠善《キムチュンソン》として大邱で、生涯を終えたのです。そして現在もその金忠善の両班・金氏の家系は続いています。

その金課長は加藤さんが嫌いです。沙也可の大将は、朝鮮半島のトラ退治で名をはせた加藤清正でした。清正は豊臣秀吉と同じくらい悪いことをした人物であり、その子孫とみなすからです。

四百年以上経つのに……同姓はその家系と認識するからです。

調べてみると、加藤清正家は、熊本城を築いたのちに、お家断絶になっていて、直系の血筋はいませんから、現在の加藤さんは清正の子孫ではありません。しかし韓国人の姓名に対する認識では、同じ姓名なら一族とみなすのです。

夏、大川の海水浴に夫の友人家族と行った時のことです。

その小学生の子が「トヨトミ・ヒデヨシは、どうしてうちの国に攻めてきたの？　ぼくたち何も悪いことしていないのに」と、わたしを見上げながら問いかけてきました。海水浴に来てこんな質問を受けるなんて……ふいをつかれました。そして答えるべき言葉も出ませんでした。

宮廷料理の一日講習会

七〇年代半ば、ソウル在住の日本人は現在ほどいませんでしたから、日本人社会も狭いものでした。

たとえば、わたしと同じように、日本語教師や雑誌の翻訳で活躍していた高石先生は、李王朝の宮廷料理の人間国宝である黄慧性《ファンヘソン》の娘ムコにあたります。その「宮中料理学院」に、友人の朝美さんが通っていて、高石先生は、共通の知人でした。

それに料理の黄先生とYMCAの山城先生は親しい友人です。このように意外なつながりがあったりして、噂もすぐ広がります。

その日は、宮中料理一日講習会が新世界百貨店であるという朝美さんの誘いで一緒にでかけました。

あの有名な黄先生の料理講習ですから、わくわくしました。

会場に着くと、すでにぎっしりと主婦らしい人で埋まっていて、わたしたちは立ち見になりました。どんな人たちが来ているのか、見回すと最前列には、スーツを着た職業婦人たちが並んで座っていました（あのグループがいなければ座れたのにとも思いました）。

黄先生は静かな物言いでおっとりしていますが、横でアシストする娘さんはテキパキしていました。

わたしは耳をかたむけメモをしました。――急いでご飯を炊くときはお湯を使うこと。皿にのせる時に、人参は色がうるさいので少なめにすること。豚肉の味付けには生姜を入れる。しかし牛肉には生姜は使わない。味見は3回まで、それ以上はわからなくなるなど、わたしの語学力で聴き取った範囲ですが、基本的なことを家政科の新入生に講義している感じでした。

参加する前に期待した宮中料理には言及せず、ちょっぴりがっかりでした。

ケンチャナヨ精神

TVの音楽番組の司会者もする、作曲家の許先生の基本スタイルは、紺色のブレザーに黒革のビジネスバッグです。

その先生から児童合唱団の子どもたちに、月二回、挨拶程度の会話レッスンをしてほしいという依頼がありました。

その後、日時を指定してきて、ある会場に来るようにと電話がありました。

その日は日曜日だったこともあり、夫も同伴して向かいました。会場に着くと楽しそうなざわめきがあり、講堂には親子連れが溢れていました。

看板を見ると「児童合唱団日本公演発足式」とあり、そういうことかと納得して、許先生を探しました。

そして夫を紹介すると、「早く、ふたりとも壇上のイスに座ってください」という。突然なので戸惑っていると、「ケンチャナヨ（気にしない、気にしないで）」とせかすのでした。韓国人には、気になることでも「気にしない、気にしない」と事を進めるのんきな面があり、それをわたしはケンチャナヨ精神（気にしない精神）と、からかいました。

講堂内が静かになりました。許先生が公演の趣旨を述べ終わると、壇上にいる方々の紹介を始めました。わたしはひやひやです。どんな立場としてここにいるのかもわかりません。

ついに紹介の番になりました。わたしは日本語担当者、夫は旅行担当者でした。このように許先生の手慣れた采配ぶり。万事おおまかな運びに楽しくなりました。事前にきめ細かく打ち合せをする日本人とは、ここが違います。

ちなみに先生の奥さまの母親は日本人です。

語学習得法

七八年、国費（日本の給費）留学するための試験準備をする女学生・劉《ユ》さんと出会いました。おでこで目がくりくりしたかわいい人で、長い黒髪も印象的でした。専攻は国際政治です。

二度目の挑戦で試験にパスしたあとに、どのように学習したのか訊いたところ、「自宅で朝七時から夕方の七時まで、昼休憩は一時間。これを六か月間続けた」という返事でしたが、わたしにはできないことなので感心するばかりです。

後日、一時帰国したわたしは、明治大学の大学院で学ぶ劉さんがいる東京・駒場の留学生会館の部屋を訪ねて、チーズケーキと紅茶でおしゃべりをしました。

その時に、アテネ・フランセでフランス語を学習しているとのことで、東京での勉強が終わったら、フランスに留学し、いつかは韓国の大学の教壇に立って女性の意識を変えたいと言いました。これらにかかる費用は、給付金一五万円で十分まかなえるので、親からの援助は一切受けていないとのことでした。

晴子ママの夢

夕食の支度中に「高校二年生の娘に日本語を教えてください」と、ダイヤのピアスをした、きれいなお母さんが訪ねてきました。エプロン姿のわたしは、その佳麗さにたじろぎながら、

「どうしてここがわかりましたか?」と訊ねると、いつも来る郵便配達人に、「近所に日

本人がいたら教えてほしい」と頼んであったとのことです。

娘の晴子さんは、あるレベルまで習得していたので、上級編を週三回したのですが、一日も休まず一冊を終了しました。大学は東京の聖心女子大学への入学を希望していました。その学習期間中、時にはママも一緒でした。

着物を着たいというので、晴子さんはわたしの沖縄紅型の着物、わたしはママの韓服を着て、写真を撮りました。

また和風のおかずを一緒につくったり、市内の料亭で本格的な韓定食を食べたりと、楽しい時間を過ごしました。

晴子さんの住む家は一戸建て住宅で、ママと晴子さん、おばあさんとお手伝いさんの女ばかりで暮らしていました。それに梨花女大生限定の下宿業もしていて、女学生が常に三、四人はいました。

ママは汝矣島《ヨイド》の商店街で米国製のコーヒーやマヨネーズ、化粧品、日本のみそなど、外国製の食品雑貨を販売していましたし、汝矣島の不動産価値の高いアパートの持ち家は、日本人駐在員に貸していました。

封建的な男社会の中で、シングルマザーが生きることは厳しく辛いものです。しかしママは明るく懸命に生きていました。人が振り返るほどきれいですが情けもありました。

あとでわかったのですが、ママは未婚の母。つまり晴子さんは日本人の父を持つ婚外子だったのです。そしておばあさんは実はひとりぼっちの身の上なので、気の毒に思って実母のように世話をしていたのです。

観光の島

済州島は、国内のハワイといわれ、新婚旅行のメッカでした。また外国からの観光客は、ほとんどが日本人で占められていました。

活気ある観光業界の下、わたしは「本物の日本人です」と変な紹介をされたことがあり、「にせの日本人がいるのかしら?」と、胸の内でつぶやきました。

それはさておき、何かとひっぱりだされ――ほとんどが無報酬です――免税店で買い物をする観光客という設定で地元のニュースに出たこともありますし、創刊された日本版観光誌に、済州島印象記を書いたこともありました。

語学教師の資格はないのですが、依頼があれば引き受けました。みなさんはそれなりに勉強しているので、教えるのは楽でしたが、外国人(主に日本人)相手の免税店の新入社員たちが、みながみな、ソウルや釜山にも行ったことがない、つまり島の外に一度も出たことがないというのは、驚きでした。

文化紹介で懐石料理の写真を見せると、「まずそう！」と声が上がって、

「先生！　キムチ鍋作れますか？」

「あまり作らないわねえ」

「世の中で一番やさしい鍋なのに。いつでも教えてさしあげます」と愛嬌ある高《コ》さん。そのコさんが、授業中に、

「なぜ、韓国人と結婚したのですか？」と質問するので、

「世間知らずだったのよねえ」と返事をすると、そうだろうな、というように、納得した顔をしました。数年後、その子は大阪に嫁いでいったと聞きました。


ＫＡＬホテルのレッスンでは、着なれたジーンズの上下を着ている小柄な若者がいました。表情も何もかも自然体なのですが、全身にオーラを発散させていました。

のちにわかったのですが、その若者はソウルでバンド活動をしていたものの、芸能生活は長くは続かず、仕事を求めて済州島に下ってきたということでした。

ＫＡＬホテルの和食の料理長は、近い将来、九州のホテルに研修に行く予定になっていましたから、最後のレッスン日まで休まずに出席してくれました。

以前、ＫＡＬホテルに宿泊された李方子さまの食事を担当したそうで、かいま見た召し上がる姿は「品位がありました」と言っていました。

ブルーライト・ヨコハマ

八〇年代半ば、江南区にある観光公社の教育院で、五〇名のホテルマンたちに、週三回、日本語会話を教えました。

休憩時間に「ここに幸あれ」や「ブルーライト・ヨコハマ」の古いカセットテープを持ってきて、韓国語に訳してほしいと言ってきました。当時、日本の歌は表立っては禁止でしたが、結構歌われていました。

『窓ぎわのトットちゃん』

八八年ソウル五輪が近づいたせいか、語学熱もかなりでした。中級レベルの学習者には『窓ぎわのトットちゃん』（黒柳徹子著）をテキストにしました。既存の教材より新鮮で楽しい内容で、教材として好ましいものでした。

今回の学習者は、釜山で水産関係の事業をする社長の奥さんで、わが家には自身で車を運転してきました。「日本のお客さんを招待する時に、できなくても困ることはないが、やはり少しでも話したい」ということでした。

本を開くと、一章目に自由が丘の駅名が出てきます。そこで、自由が丘の雰囲気を説明しようとしたら「よく知っている。取引先の人がいる」と言うのでビックリしました。

そうでした。八〇年から海外渡航は自由化されていて、制限はあるものの夫婦で海外に行くことも可能でした。

自由が丘に住むその人について、自由が丘にビルを二つ持っていたが弟さんの事業失敗でひとつ売却した、ということまで話しました。

それを聞きながら、日本より一〇年から二〇年は遅れていると言われ続けた韓国は、オリンピック開催に向けて日本に追い付いていると感じた次第です。

第十一章　翻訳の周りで

民間説話集

韓国の民話にどんなものがあるのか知りたい、と言ったら、数日後に夫が、日本語に訳された『韓国の民話と伝説』（韓国文化図書出版社・七五年刊）全五巻を購入してきました。

さっそく拾い読みしたのですが、訳文はごつごつしていて表現は粗削りで読みにくいのですが興味をもちました。

本の「はじめに」には、

「全国各地の説話（民話や伝説）を集め整理しまとめるのは至難のわざであった。編集部を総動員して、五年の歳月をかけた」と記されていて、この全集が日の目を見るまでの熱意と努力と苦労を考えると、読みにくいなど贅沢なことは言えませんでした。

『氷点』

バスに乗り込んで来た男の人が、本を手にして口上を始めました。よく見ると韓国語版の『氷点』でした。

あのクリスチャン（プロテスタント）作家・三浦綾子の本です。北海道旭川を舞台にした小説で、連載している朝日新聞の朝刊を楽しみにしていたのは、高校生のときです。しかし、内容がよく理解できず、忘れていましたが、それが十年も経ってソウルでまた出会うとは。

それから気になって歩いていると、書店だけでなく道端の露店でも積まれていました。それほど三浦文学が読まれていたのです。

『臨終のとき』

ソウル大語学研究所の李先生から、「アメリカで刊行された『臨終のとき』の翻訳中だが、日本語版を参照にしたい。手に入らないか」と依頼されました。

さっそく、今西くみさんに連絡すると、東京・八重洲ブックセンターで購入して送付してくれたので、それを持って淑明女子大学校にいる先生を訪ねました。

先生は机上にコーヒーと干し柿を出してから分厚い私家版の詩集をくださいました。

それには亡き母を偲ぶ多情多感な詩が、韓国語と英語で対比して表現されていました。

スーパーウーマン

ソウルの結婚式に出てくださった今西先生から、お手紙が届きました。

「広島で生まれ、女学校の時に終戦、帰国。韓国動乱の最中に結婚し、韓国語が十分でないまま長男であるご主人の大家族の中に入られて、他人に語れない苦労をした」方で、わたしのことを聞いて「人ごととは思えない、できることは何でもいたしましょう」と言ってくださったと、梨花女子大学のイ・サンクム（李相琴）教授を紹介する内容でした。

すぐにコンタクトを取り、サンクム教授のお宅に夫と訪ねることになったのですが、お宅での心のこもった食事の接待と、完全バイリンガルのサンクム先生のお話は盛りだくさんで、すっかり人柄に魅了されてしまいました。

ご主人の金さんは、貿易会社を経営する韓国男子ここにありという方で、笑い方も豪快です。ご主人を「ミスター・キム」と呼んで、外でデートする仲の良さで、おふたりをわが家に招いた時には、朝鮮ホテルの地下にあるニット店の手編みのセーターをペアで着ていました。

ある時、ニュースを見ていると、サンクム先生が国会の演壇で幼児教育についての発表をしているので、ビックリしました。

「文字通りスーパーウーマンだ」と見とれたのですが、後日伺ったら、その日は高熱を出しふらふら状態だったそうです。

それほど頑張るサンクム先生ですが、「学校では先生でも家では嫁だ」と、仕事より嫁の立場を優先させる姑のもとにいたのです。お正月の餅切りは夜中にひとりでしたこと、また勉強は家人が寝静まったあとにしたこと、三人の息子のお弁当は必ず作ったことなど、お会いするたびに啓発される最も尊敬する女性です。

先生が教職を退いてから、韓国絵本のさきがけになった『山になった巨人――白頭山ものがたり』や自叙伝『半分のふるさと――私が日本にいたときのこと』（共に福音館書店）が刊行されました。

文人・金素雲宅訪問

村はずれの丘の上に、大きく枝を広げている一本の木。その老木を見上げながら祖父が孫に諭します。「ウイジョッタジ（立派だろう）、これが韓国人だよ」。映画にあったこの場面を見て、海峡をまたがって立つ大木は、文化相互翻訳の先駆者・金素雲だと思いました。

素雲によって『朝鮮詩集』（岩波文庫）を読み、民話『ネギをうえた人』を知り、『韓日辞典』で語学を勉強しました。

一度だけ、お会いしたことがあります。それは、七九年の十一月でしたから、晩年にお目にかかったことになります。

約束の日、単にファン心理があるだけで、何を話していいかわかりませんでしたので、ご一緒するサンクム先生を頼りに、お供する感じで蚕室《チャムシル》に向かいました。

この文人の温容に接するという幸運にめぐり会えたのは、二つのおかげがありました。ひとつは七七年の『婦人之友』に「ソウルで読んだ『朝鮮詩集』」と題したわたしの投稿文が掲載されたこと。なんとも拙い文章で恥ずかしいのですが、素雲も読まれていました。もうひとつは、サンクム先生が「面白いから」と薦めてくれた韓国版『天の涯に生くるとも』（同和出版公社）の社主が、夫の同僚のお兄様でした。そこでぜひとも、と仲立ちをお願いして、素雲のご都合いい時を二年間お待ちしての実現だったのです。

お目にかかると、

「知己はどこにもいるものですね。一〇〇〇人いても知己は二、三人です」と、知己と言ってくださいました。

挨拶後、マル（板敷の間）にて、八角膳の上で文人自ら萩焼の大ぶりの茶碗で熱湯を冷ましてから、緑茶を煎れてくださったのですが、それは馥郁《ふくいく》たる一杯でした。

お茶が済むと、オンドル部屋に移りました。先生は「佛心」という掛け軸、遊んでいるトラの民画を背にして座られて、傍らには落語のカセットテープがありました。落語はお好きでよく聴いているそうで、味わい深い話し方はここから来ているのかもしれない、と胸の内でつぶやきました。

ふたりの先生の話題は数日前に行われた、朴大統領の国葬のことから、日本語で始まりましたが、それはわたしに対する配慮だとわかりました。

両先生のやりとりをひたすら拝聴した中で面白かったのは、翻訳に関しては、夭折《ようせつ》した画家である李仲燮《イジュンソプ》が、日本にいる奥さんへ書き送った手紙の翻訳作業で工夫した点や、飽きると文机を持って場所を変えることなどです。

また、わたしと同じ世代で、日本人牧師に嫁いだ娘・纓さん――後年『チマ・チョゴリの日本人』（草風館）を刊行――のことを話されて、わたしの場合と「立場が逆ですね」とおっしゃいました。

おいとまする際には、「木槿通信」（三星文化財団・七三年刊）を頂戴しました。外に出ると、夕闇が迫っていました。ひんやりとする中、エレベーターのドアが閉まるまで見送ってくださったお姿はありがたく、今も鮮明です。

「木槿通信」の自序に日韓のことについて、
「……願はくは韓・日両国の間にこもっている、混沌と低迷の霧が消え去って、一〇年後、二〇年後には、このような文章が役に立たない、ただの昔話になることを……」（筆者訳）と記しています。また、『現代韓国文学選集』（冬樹社・七四年刊）の月報には「ぶちまけた話が、限定版並みの現在の部数では、韓国側の同和出版も、日本側の冬樹社も、採算面ではまるっきり大赤字であり、訳者たるわたしにしても、どのみち間尺に合わぬ貧乏クジである。……使命感などと大見得を切ってみても始まらないが、ただひとつ確かなことは、両国間に横たわるこの分厚い心の壁を突き破るためには、誰かが縁の下の力持ちとならねばならず、それのない限り、韓日の文化交流など所詮は絵空ごとに過ぎないということである」

編集者からは、「今後いよいよ日韓の交流が深まることを祈らずにはいられません」と、記されていました。

この天才的な語学の大家にお目にかかり、翻訳したいという志は遠のきました。

英語圏の翻訳者

春の日曜日、梨花女子大学の裏門近くにあるエドワード・W・ボイトラス博士宅の家庭音楽会に、キャロルから招待されました。

博士はアメリカ人で神学大学の先生ですが、それだけではなくて、朴大仁というペンネームで執筆した『韓国の秋』(汎友社)というエッセイ集があり、また詩集などを英語に翻訳する文人伝道者でした。

お宅を訪ねると、家族以外はアメリカを感じさせるものがひとつとない、簡素な韓国家屋でした。

初訪韓したキャロルのご両親はすでに到着していて、さっそく三重奏が始まりました。ピアノは博士夫人、バイオリンはキャロル、チェロはキャロルのお父さんでした。静かな調べで聴き入ります。

キャロルは、ピアノコンクールで優勝して、その賞金でウイーンへ一年間留学した経験があるのですが、その日はバイオリンを弾きました。

わたしの生活環境の中でこのような家庭音楽を楽しむことが、今も将来もないだろうと考え、キャロルの演奏を聴きながら、アメリカ文化の豊饒《ほうじょう》さを想いました。

演奏が終わったあと、博士夫人は、白いレースが縁どられたエプロンをつけてお茶の仕度を始め、高校生の息子さんも出てきて談笑が始まると、夫人は脇にポータブルミシンを持ってきて、こまめに手を動かしています。

しばらくして、中肉中背の朴大仁さんが現れて、翻訳作業中の黄ばんだ厚い本を見せてくれました。三〇年代に出版された小説の作者は「北」にいるらしいが、生死もわからず問い合わせることもできないので、苦心に苦心を重ねていると言うのですが、それが楽しくもある様子でした。

キャロルのおかげで、英語圏の韓文学翻訳の先駆者といえる方に実際にお目にかかって、非常に興奮した日ですが、翻訳への道のりは、長くなるばかりでした。

アニメの翻訳

舎堂洞《サダンドン》にあるマンガの翻訳会社に面接に行きました。テレビで「鉄腕アトム」や「アルプスの少女ハイジ」など日本の物が放映されていた時期です。応募者はわたしと若い韓国女性がひとりでした。その女性は、日本文学を専攻したそうで、真剣に就職先を探している様子でした。

ところが、わたしが日本人と知ると、さっと顔色が変わり敵意ある表情になりました。その瞬間、この面接は下りることにしました。よほど就職に必死だったので、わたしを強力なライバル出現とみたのでしょう。日本文学専攻ですから日本が好きに違いありませんから、日本人だからとあのような顔つきになったのではないと思いますが、わたしには、それほどの熱意も自信もありませんでしたから。

後日、社長から日本語のレッスンを依頼されましたが、その気が失せていたので丁寧に断りました。

娯楽小説

八〇年代半ばでした。日本語教師の神谷さんが「翻訳してみないか」と、新刊の本を持って家に来ました。それは新進作家である息子さんの時代物の娯楽小説でした。

わたしより、言語感覚が優れ、韓国に精通しているこのお母さんこそ、翻訳の適任者と思いましたが、多忙でとてもできないとのことでした。

よく考えてみると、平素「翻訳したいなあ」と口に出しているわたしに、機会をくれたのかもしれません。

しかし現実は、家庭の雑事に追われていてとても時間がないし、韓国の歴史の知識はないし、期待に沿えないと返事しました。

朗読する

通訳・翻訳会社から依頼が来ました。経営者はまだ三〇代のやる気十分の人で、将来性を感じました。

あるデパートで実施される職員の日本語テストの日本文の朗読です。単発の仕事ですし気軽に応じました。録音のスタジオに行くと、韓国文の担当は声がすばらしい演劇青年でした。

わたしはアクセントがよくないのですが、会社の代表も演劇青年もまったく日本語がわからないので、「まあ、いいかな」と度胸で録音室に入りました。

小学生時代は北関東にある宇都宮市で過ごしたので、なまりが残っていてアクセントがおかしいと指摘されたことがありました。ちょうど韓国の全羅南道のなまりに似ているそうです。

新宿の日本語学校

子どもたちも手が離れたので、社会活動を始めることにしました。特に得意なこともないので語学を活用することにしました。

連日、朝日新聞の求人欄を目を皿にして見つけたのは、新宿・曙町にあるランテクス日本語学校で、面接し採用されました。

そのころ日本語学校は乱立するほど盛況でした。その学校ではアジアからの留学生のうち韓国からが八〇%ぐらい、次に中国からでした。日本では必要とされない韓国語と言われていましたが、時代の流れが変わって需要があったのです。

わたしの担当は、韓国から届く入学願書やそれに付随する書類の翻訳業務でした。特に楽しかったのは志望理由書です。夢を述べる若者たちに共感しながら訳しましたが、こなれた日本文にする難しさも痛感しました。

幻のもち菓子

ある翻訳作業中でした。文中の「두텁떡《トゥトオプトク》」を置き換えるのに時間がかかりました。いくつかの辞書を引いても、韓国人の若い世代や高齢者に訊いても、そのもち菓子を知りませんでした。

ソウルの作者に電話すると、「今の人は知らないかもしれません。庶民は食べませんし、貴人が食べました」。そう聞いてもイメージが浮かびません。ですからますます知りたくなりますが、この言葉にこだわってばかりいられないし、話の中で重要な単語でもないので、文字通りに訳して「厚もち」にしました。

それから四、五年経ったころです。ソウルに行った帰りにおみやげにするつもりで、梨花女子大前の伝統もち菓子の好圓堂の本店に立ち寄りました。この店は宮中もち菓子を継承したチョおばあさんが開いた有名店です。

その店に入ると、ショーケースに「두텁떡」と書かれたボタッとした餅が、たくさん並んでいるではありませんか。ついに見つけたのです。その場で求めて口に入れましたが、その幻の厚もちはきな粉のぼたもち以外の何物でもありませんでした。

あとがき

念願でありました見聞記を書き終えてほっといたしました。ここに登場した人のその後は、それなりのさまざまな変化と展開がありました。現在もお付き合いが続いている人にはご連絡して了承をいただきましたが、ご連絡が取れない人や他界された方皆さまには厚くお礼を申し上げます。

山城先生に最後にお目にかかったのは、江南ＹＭＣＡの教室でした。二〇〇一年のことで、その日は日本から帰国した子どもに韓国語のレッスン中（母国に戻っても学校になじむのが難しい子には日本語で対応するとのことでした）でした。

体調を崩してしばらく休んでいたということでしたが、淡いピンクのワンピースに金のブレスレットを付けていて、明るいアメリカのおばあさんという印象でした。

二〇〇九年、楽園洞のカズさんの住まいを訪ねたのですが、建物も親しかった角の果物屋さんもありませんでした。和雄君の下の女の子がいるというミニスーパーは他の店に変わっていました。

三〇余年ぶりに訪ねた済州国際空港は中国人であふれていて、わたしも中国人に間違われました。また、中心街の大きな食堂に入ったら、日本人のわたしと韓国人の夫がひとテーブル、韓国人女性三人がひとテーブル、残り一〇テーブルすべて中国人旅行者でした。忙しそうな給仕さんに韓国語で話しかけたら、韓国語がわからない、観光名所もわからないという中国から働きに来ている青年でした。

また蓮洞の社宅に行ってみると、向かい側は二階建ての建物が立ち並んでいて、以前は毎日食卓に座ってハルラ山をながめていたことも、春には菜の花が一面に咲いていたこともうそのようです。

今となっては面影もない昔のことを細かく書けたのは、亡き母が紙袋にわたしの手紙を保存して置いてくれたおかげです。

それに過去の時間を共有している夫が、わたしのとっぴな質問にあきれながらも答えてくれたことが大きな助けになりました。

また、途中でくじけそうになると、「必ず書き上げるように」と励ましてくれた友人たちに、心より「ありがとう」を届けます。

最後になりますが、亜紀書房の内藤寛編集長には大変お世話になりました。深く感謝を申し上げます。

本橋良子

二〇一六年　晩秋

著者略歴

本橋良子（もとはし・よしこ）

1948年　栃木県宇都宮市生まれ。
　　　　横浜市立桜丘高校、鶴見大学図書館司書講座修了。
1976年　東京で韓国人駐在員に出会いソウルに嫁ぐ。
　　　　延世大学語学堂を経てソウル大学語学研究所卒業。
1982年～84年　済州島に暮らし、1985年～87年　釜山市に暮らす。
1989年　帰国して息子2人の子育てに励む。横浜市在住。

訳書
1997年　『いま、あなたの子どもが揺れている』東京書籍
2004年　『麗しき霊の詩』（共訳）文車書院

韓国ぐらしは万華鏡

2016年12月5日　第1版第1刷発行
2017年5月15日　第1版第2刷発行

著者　本橋良子

発行所　株式会社亜紀書房
〒101-0051
東京都千代田区神田神保町1-32
電話(03)5280-0261　振替00100-9-144037
http://www.akishobo.com

装丁　たけなみゆうこ
装画　北村人

印刷・製本　株式会社トライ
http://www.try-sky.com